NEW 그레이 베이지 출시

모던한 부모를 위한 미니멀 클래식,
부모와 아이 모두에게 편안한 최상의 착용감

더스티핑크

**Best 베이비본
베이비 캐리어 하모니 3D메쉬**

기능과 디자인의 섬세한 혁신,
프리미엄 올인원 아기띠를 만나보세요.

공식홈페이지 www.babybjorn.kr | 인스타그램 @babybjornkorea | 070-4713-5914

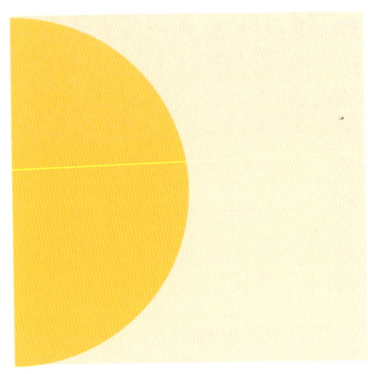

할아버지께서
달빛으로
시를 썼던 집

김용택
―
시인

할아버지랑 산책 갔다 오는 길입니다.
강 건너에서 할아버지랑 손잡고 나란히 서서
할아버지 집을 바라보았습니다.
집에 햇살이 집에 가득합니다.
마을도 몇 집 안 됩니다. 집들이 다 작습니다. 아담합니다.
마루까지 환합니다. 방 안에도 햇살이 들어갑니다.
눈이 오면 마루에 눈이 쌓입니다.
마루에 서면 강물이 보입니다.
집 뒤에는 산입니다. 뒷산은 밤나무 숲입니다.
숲속에는 돌들이 많이 삽니다.
앞산 뒷산 옆 산 또 그 옆 산도 다 산입니다.

햇살이 가득한 마당에 들어섰습니다.
내 몸에 햇살이 가득 쏟아져
내 작은 몸을 감싸주었습니다.
오후에는 4시경이 되면 해가 뒷산으로 넘어가고
뒷산 그늘이 마을을 덮어주며 마을 햇살을 곱게 거두어
강을 건너갑니다.
나는 산그늘이 강을 건너가는 것을 보고 있습니다.
햇살은 앞산으로 올라 산 너머로 가버립니다.
그러면 마을에도 할아버지 집에도 어둠이 찾아옵니다.
밤은, 밤이, 서서히 어디서, 옵니다.
빨리 와 있을 때도 있습니다.
나는 밤이 오는 곳을 모릅니다.

△ + ■

마을 뒷산에는 할아버지의, 할아버지의,
할아버지들의 묘가 있습니다.
할아버지의 아버지와 어머니도 그곳에 계십니다.
할아버지는, 할아버지의 아버지 어머니가 살아 계실 때,
할머니 할아버지께 잘못한 게 많지만,
할머니와 할아버지는 우리 가족을
잘 돌보실 거라고 하십니다.
할아버지 집 뒷산에 계신 할아버지의 아버지 어머니가
보시기에 좋도록 살아야 한다고 늘 말씀하십니다.
오래된 할머니와 할아버지의 집은
할아버지의 아버지 때 지으셨습니다.
할아버지도 이 집에 사셨고 나의 아버지와
내가 좋아하는 고모도 이 집에서 태어나 살았습니다.
이 작은 기와집에는 시가 삽니다.
달이 살고 별들이 내려와 삽니다.
새와 바람과 개구리와 강물 소리와 참새가 삽니다.
할아버지는 이 집에서 시인이 되셨습니다.

봄이 오고 달이 뜨면 이 산 저 산에서
소쩍새도 운다.

할아버지는 그 집 방에서 시를 공부하고
창호지 문으로 새어든 달빛으로 시를 썼다고 하셨습니다.
지금도 그 집 그 방에서 할아버지는 가끔 주무시며
시를 쓰십니다.
할아버지와 할머니와 우리 아버지와
예쁜 고모가 사셨던 집
그 집 마루에 앉아 나는 할아버지와 강물을
바라본답니다. 강물은 흘러갑니다.
할아버지께서는 이 집이 네 집이라고 말씀하십니다.
나도 그렇게 생각합니다.
이 집은, 내 동생 4살 시아와 나의 집입니다.
뒤안에 살구나무 살구꽃이 지금 피고 있습니다.

김용택

두 번째 <아이가 자라는 집>에 손주들이 놀러 와서 아침 산책을 하고 쓴 '우리 집'에 대한 글을 싣는다.
"여기는 할아버지 집"이라고 말하는 손자에게 "여기는 네 집이야"라고 해줬더니 어느새 '우리 집'이라고 하는 말에 마음 가득 기쁨이 차 올랐다.

holi & love
French mom & kids premium brand

IN THE STORY
www.inthestory.co.kr
@inthestory.lifestyle

인더스토리
현대백화점 무역센터점 4층, 판교점 5층, 더현대서울 여의도 5층, 신세계백화점 대구점 7층, 롯데백화점 잠실점 8층

CONTENTS

▲

02   Letter
할아버지께서
달빛으로 시를 썼던 집

08   Essay
How do you feel?

14   Inspiration
나와 마주한 순간들

40   special
나의 이야기를
만드는 시작, 감정사전

54

Fashion

The Shape of Emotion

66   Interior
Who is in the Room?

76   Beauty
Better Skin, Better Life

82   Trend
2025 키즈
라이프스타일 트렌드

Bugaboo Fox 5 Renew

Inspired by nature,
made to nurture

부가부코리아 1577-0680, Bugaboo.com

CONTENTS

90
kidseverywhere
어디에든, 어린이

96 Opinion
어린이에게

102 Interview
진짜 어린이책을 탐험하는
어른들을 위한 안내서

COVER

모델 안젤로, 은찬, 태린이
앉아 있는 제품은
프리미엄 하이체어 '부가부 지라프'
의상협찬 젤리멜로(jellymallow.com),
우트(1599-2574),
벤시몽(www.musinsa.com),
초코엘(www.chocoel.co.kr),
엔페이퍼(enpaper.kr),
빅토리아(www.victoriashoes.co.kr)

110 Space + Goods
MY BLUE IS···

116 Project
어디에든, 어린이와
함께한 시간들

122 Partners
아이도,
어른도 환영해요!

ESSAY

그림 서호성 글 박선영 기자 자료제공 꼴렉트핑크(collectpink.com)

프렌즈
91×117cm, Oil,
Oilsticks on linen,
2023

How do you feel?

감정 표현이 서툴다는 작가는 어느 날부터 내면의 수많은 감정을 인물화로 표현하기 시작했다.
사람 그리고 삶에 애정이 깊은 서호성 작가의 감정 시리즈.
How do you feel today?

△ + ■

amoureux
45.5×33.4cm, Oil on linen, 2022

축하해
45.4×33.4cm, Oil on linen, 2023

ESSAY

HOW DO YOU FEEL?

파란 풍선
53×73cm, Oil on linen, 2024

△ + ■

사랑의 법칙
50×60cm, Oil, Oilsticks on linen, 2023

사랑해
53×73cm, Oil on linen, 2025

나의 수호천사
73×91cm, Oil, Oilsticks on linen, 2023

너는 너야
73×91cm, Oil, Oilsticks on linen, 2023

△ + ■

서호성

사람과 삶을 중심에 두고 다양한 인물, 패션, 오브제, 공간에서 영감을 받아 자신만의 독특한 시각과 감각으로 인간 내면의 감정을 표현하는 작품을 그린다. 지난 서울리빙디자인페어2025에 참여해 <아이가 자라는 집: 감정수집>展에서 작가의 감정 시리즈를 전시했다.

Interview

감정 시리즈 작업 배경이 궁금합니다.
제 작업의 중심은 늘 '사람'과 '삶의 의미'라 할 수 있습니다. 사람에 대한 깊은 관심은 자연스레 인물화 작업으로 집중되었고요. 감정 표현이 서툰 편인데, 어느 날 내 안의 수많은 감정을 인물화 작업으로 표현하고 싶다는 생각이 들었습니다. 시각적 표현에 집중하던 인물화에 짧은 메시지와 함께 감정 이야기를 담아낸거죠.

감정 시리즈 그림들을 통해 전달하고 싶은 메시지는 무엇인가요?
스스로를 '유쾌한 염세주의자'라 하는데요, 인생은 긴 여행이고, 어떤 정답도 없으니 앞으로 마주할 미래를 불안감보다는 호기심 가득한 시선으로 바라보려고 합니다. 급변하는 세상의 속도에 맞추기보다 나의 감정들에 세심하게 귀 기울였으면 해요. 사람들이 말하는 완벽한 모습은 아닐지라도 내가 나를 인정하고, 결과보다는 삶의 과정에서 느끼는 감정들, 소중한 것들을 오롯이 누리면 좋겠습니다.

감정 시리즈가 사람들에게 어떻게 읽히기를 바라나요?
늘상 '누군가의 누구'로 살아가며 문득문득 느껴지는 공허함이 있잖아요. 감정 시리즈가 스스로의 존재감을 찾는 그림여행이 되기를 바랍니다.

인물들의 표정만큼이나 패션, 헤어스타일이 심상치 않습니다. 작가가 의도하는 감상 포인트가 있을까요?
인물의 감정과 표정은 주로 1800~1900년대 흑백 빈티지 사진 속 인물들에서 영감을 받습니다. 날것 그대로 느껴지는 흑백사진 속 인물에서 더 많은 이야기와 컬러를 상상할 수 있죠. 반면 패션과 헤어스타일의 경우 지금의 패션 트렌드를 적절히 반영해 인물의 감정 상태는 물론 시대적 공감대를 극대화합니다.

감정 그림이 주는 힘은 무엇인가요?
많은 관객이 작품 속 인물에 자신의 모습을 투영하는 모습을 자주 봅니다. 감정을 담은 작품의 힘은 바로 '공감'이 아닐까요. 말로 표현하기 어려운 미묘한 감정선들을 관객 스스로 들여다보면서 그 안에서 곧 자신을 발견한다는 것이 감정을 담은 작품의 가치라 생각합니다.

Mini Interview

COLLECT PINK
박수경 대표

Q 꼴렉트 핑크를 소개해달라.
꼴렉트 핑크는 아트 에이전시 피앤케이아트PNK ART가 선보이는 아트숍이자 큐레이션 브랜드다. 단순한 갤러리를 넘어 희소성 있는 아트 에디션과 원화부터 국내외 작가들의 다양한 회화, 설치, 공예 등 작품, 명화부터 일러스트, 회화 등 합리적인 가격의 고급 아트프린트를 제공한다. 서호성 작가의 작품 역시 꼴렉트 핑크의 힐링 큐레이션으로 독점 아트프린트하여 독자와 만난다. 일상에 예술 한 점을 더해 매 순간 행복할 수 있도록 감각적이고 멋진 그림을 소개한다.

Q 그림의 힘은 무엇이고 작품은 어떻게 골라야 하나.
그림은 평범한 일상을 특별하게 만드는 것이라 생각한다. 그림은 단순한 장식이 아닌 감정을 움직이고 삶의 풍경을 바꿔주는 마법 같은 존재다. 누군가에게는 즐거움, 누군가에게는 힐링, 누군가에게는 영감이 된다. 그림을 고를 때 중요한 건 내 감정이 이끄는 그림을 선택하는 것이다. 지금 내게 필요한 것, 내 마음을 움직이는 것, 그러면서 그림 너머 작가의 이야기와 의도를 찾고 점점 나의 취향을 찾아가는 것이다.

나와 마주한 순간들

일상에서 마주친 한 장면,
그때 감정이 선명해지는 책과 영화 속 문장들.

△ + ■

『Here』

제시카 토드 하퍼 | 친구와 가족, 작가 자신이 집에서 누리는 평범한 일상을 순간적으로 포착했다. 창문을 통해 쏟아지는 영롱한 햇살의 느낌이 고스란히 전해진다.

Sally, Heather, Catherine, 2019

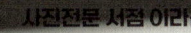

사진전문 서점 이라선

칼럼에 실린 모든 컷들은 종로구 안국동에 위치한 사진전문 서점 이라선 김진영 대표가 추천한 책들의 한 장면이다.
이라선은 전 세계 다양한 사진집을 주제와 작가별로 정리, 배열해놓아 사진이 건네는 이야기에 푹 빠져보는 경험이 가능하다.
이라선 스마트스토어(www.smartstore.naver.com/irasun)를 통해서도 잘 큐레이션 된 사진책을 구경하고 구입할 수 있다.

INSPIRATION

어떤 옷은 말을 한다.

보기만 해도
그 사람의 기분과 태도, 오늘 기대하는 바까지 모두 말해준다.

다음 날 아침, 선영이의 옷이 그랬다.
핫핑크 원피스.

살짝만 움직여도 치마 주름이 경쾌하게 흩어진다.
걸음걸음 치마가 춤을 춘다.
덩달아 내 기분까지 캉캉 춤을 준다.

이 녀석,
파리를 주름잡을 생각인 거다.
아주 오늘을
자기 색으로 물들일 생각인 거다.

옷이 말을 하고 있다.

나는 이미 회사를 탈출했노라고.
엄마라는 이름도 여기서는 잠시 내려놓겠다고.

"이야, 짱 신나는 옷이네."

『무정형의 삶』

김민철 | 위즈덤하우스

△ + ■

『My Father's Album』

노구치 리카 | 일본의 사진작가 노구치 리카가 돌아가신 아버지 유품인 필름을 인화함으로써 탄생한 사진집이다. 아내, 자식들과 자신이 키우던 장미 등 평범하면서도 특별한 어느 날의 기록이 잔잔하고 따뜻하다.

"왜 우는 거야?"

옆에서 훔퍼가 묻자,
미자벨이 대답했어요.

"나도 몰라,
하지만 우니까 기분이 좋아."

『즈무민 골짜기의 여름』

토베 얀손 | 소년한길

사물의 즐거운 면을 보는 성격을 가진 사람은 가장 밑바닥에 있을 때,
모든 것에 아무런 희망이 없다고 느낄 때
뜻밖에 최고의 아이디어를 떠올릴 수 있을 것이다.

행복에서는 유머가 나오지 않는다.
행복한 상태에는 재미있는 요소가 전혀 없다.

유머는 슬픔으로부터 나온다.

『찰리 브라운과 함께한 내 인생』

찰스 슐츠 | 유유

△ + ■

그런 기분 있잖아.

**아주 근사한 하루를 보내고 집으로 돌아왔더니 지치고 멍한데
뼈들이 제대로 안 움직이는 느낌.**

몸에 힘이 없고 다 지쳐서
가라앉는 것처럼 이상한 기분 말이야.

『애프터썬』

영화 속 대사

**"우리는 모두 다양한 감정이 섞여 있지.
이게 우리를 독특하고
아름답게 만드는 이유야."**

『인사이드아웃2』

영화 속 대사

『Thujord』

올라 린달 | 매년 크리스마스에 노르웨이에 위치한 가족 농장을 찾았을 때 찍은 사진들이다. 오래된 집, 조카, 나무와 길, 전깃줄, 분홍빛 하늘과 눈부신 햇살, 눈과 아이들 등 조용한 노르웨이의 겨울 풍경이 담겨 있다.

△ + ■

"날이 춥지요?"
이 인사말이 참 따뜻하게 들리더라고요.

함축적이라는 건
이럴 때 쓰는 거 같아요.

날이 이렇게 추운데 밤새 따뜻하게 주무셨습니까?
날이 이렇게 추운데 수돗물은 안 얼어 터졌습니까?

이렇게 추우면 어르신들은 거동하시기 힘든데 부모님은 안녕하신가요?

이 모든 말이 아침 인사에 들어 있는 것 아니에요.

싸우는 시어미보다 말리는 시누가 더 밉다는 말도 뒤집어보면
누군가 내 사정을 알아준다는 게,
누가 나와 같다는 게 큰 힘이 되는 겁니다.

나도 추운데
당신도 춥겠군요 하는 말.

"오늘 날이 춥지요?"

얼마나 따뜻한 말입니까.

『찌그러져도 동그라미입니다』

김창완 | 위즈덤하우스

INSPIRATION

『You felt the roots grow』
사빈 헤스 | 아버지의 암 투병과 조카의 탄생이 맞물린 시기를 지나며 슬픔과 희망을 가로지르는 가족의 이야기를 담았다.

△ + ■

초등학생 딸을 키우는 친구와 나란히 걷던 오후에
들었던 말도 마음에 품고 있다.

"아이가 아주 어릴 때 손바닥에서 나던 냄새가 있거든.
그 냄새를 오직 나만 알고 있다는 게
살아가는 자부심이 될 때가 있어."

그런 말들이 자꾸 마음에 남는 건
나도 맡아보고 싶어서일 거다.

맡고 나선 오랫동안 기억하고 싶어서.
보드라운 발바닥으로 처음 걷는 열 걸음을 지켜보고 싶어서.

아무렇지 않게 슬픔을 깨트리는 아이를 향해
아무 일 없다는 듯 활짝 웃어주고 싶어서.

나를 올려다보는 한 얼굴을 그 누구보다 사랑하고 싶어서.

살아보지 않으면 결코 알 수 없는 삶 쪽으로
조심스럽게 다가서는 마음을 느끼며,
언젠가는 이 말을 들려주게 될까 궁금해진다.

"안녕 아이야,
나는 너를 사랑하려고 지금까지
살아온 것 같아."

『우리는 조금씩 자란다』

김달님 | 창비

『TOT』

리카르도 카세스 | 스페인 발렌시아에 위치한 집에서 15km 떨어진 학교에 딸을 통학시키면서 차에 앉아 있는 딸의 모습, 표지판이나 자동차, 오렌지 농장의 풍경, 그리고 오가며 만난 사람들을 담았다. 총 1655개 이미지를 매 페이지 12개의 그리드로 편집해 일상의 여정을 시각 일기처럼 구성했다.

△ + ■

누구나 내면엔 여러 모습이 있어,
그중엔 엉망인 모습도 있고.

**그저 나쁜 걸
밀어내기만 하기보단,**

**그걸 인정하고
공존해야 해.**

선택은 네 몫이란다.

『메이의 새빨간 비밀』
영화 속 대사

△ + ■

**나이가 든다는 건 신나는 일이에요.
할 수 있는 일이 점점 더 많아지니까요.**

하지만 우리 뇌의 일부분은 가끔씩
우리가 다시 어린 시절로 되돌아가면 좋겠다고 생각해요.

외로움을 느낄 때,
한밤중에 잠에서 깼을 때,
무릎이 깨지거나 아플 때 이런 생각이 들 수 있어요.

몸이 피곤할 때는 부모님이
나를 포근히 안아 주면 좋겠다고 생각해요.

가만히 누워서 엄지손가락을 빨고 싶은 기분이 들 수도 있고요.

어떤 사람들은 이런 느낌이 들면
'어린애' 같다면서 걱정해요.
어리광 부리고 싶은 느낌이 들면 나잇값을 못 한다고 생각하지요.

그럴 땐 러시아 인형 마트료시카를 떠올려 보세요.

**잠시 작아진 느낌이 든다고 해서
나의 어른스러운 부분이 사라지는 것은 아니에요.**

『행복하냐는 질문에 대답할 수 없다면』

알랭 드 보통 | 미래엔아이세움

INSPIRATION

(…) 어린이 일행을 눈여겨보고
혹시 도움이 필요하면 나설 준비를 하면서,

**나는 다정함뿐 아니라
용기도 필요하다는 걸 알았다.**

거절당하거나, 무안해지거나,
때로는 후회할 각오까지도 해야 친절한 사람이 될 수 있다.
저분에게 도움이 필요한지 아닌지 판단도 잘해야 하고,
나서는 순간도 잘 잡아야 한다.
어디까지 돕고 퇴장할지도. (…)

**아무튼 내가 용기를 내면서까지
누군가에게 친절을 드리는 이유는 그게
나에게 이익이기 때문이다.**

기쁨, 뿌듯함, 효능감, 자신감 등 좋은 감정이 아무렇게나 뒤섞인 기분은
남에게 친절을 줄 때만 느낄 수 있다.

**게다가 작은 친절도 결코 공짜가 아니다.
늘 후한 값을 매겨준다.**

『어떤 어른』

김소영 | 창비

『Primal』
오사무 요코나미 | 아이들이 하늘을 배경으로 과일을 턱에 고정한 채 카메라 앵글을 응시하고 있다.
같은 포즈와 상황임에도 아이마다 표정이 달라 보는 것만으로도 흥미롭다.

01 너의 모든 순간을 지켜줄게

기분 좋은 햇살과 산들거리는 바람은 산책하는 부모와 아이 모두에게 행복감을 선사한다. 맑은 공기를 마시며 세상을 탐험하는 나들잇길, 아이를 지켜줄 보호막까지 더하면 완벽하다. 프랑스 패션 브랜드 봉쁘앙과 협업해 탄생한 스토케 요요 봉쁘앙 베이지에 자외선 차단 효과가 확실한 파라솔을 간편하게 장착해 쾌적하고 우아하게 나들이를 즐겨보자.

모던한 뉴트럴 베이지 컬러에 봉쁘앙 시그너처 체리 패턴을 프린트하고, UPF 50+ 자외선 차단 효과를 갖춰 아이를 햇볕으로부터 완벽히 보호하는 **요요 봉쁘앙 베이지 파라솔** 길이 69cm 무게 330g 13만3천원, 스토케.

우리 같이 쓸까?

아이와 부모가 취향을 공유하는 물건들.

△ + ■

02

EDITOR'S PICK · How to be a Good Parent

언제 어디서나 편리하게
활용하기 좋은 숄더백으로
가벼운 여행용 가방으로도
손색없는
위크엔드 백 버드 민트
41×22×20cm
스트랩 76cm 13만원,

작은 소지품을 넣어
숄더백이나 힙색으로
아이에게 스타일링해주면
산뜻한 맘&키즈 룩이
완성되는
웨이스트 백 키즈 버드 민트
21.5×11×5cm 7만8천원,
홀리앤러브 by 인더스토리.

기분이 좋아져요

마음에 쏙 드는 패션 아이템 하나만으로도 기분이 좋아지는 날이 있다. 어쩐지 주목받는 것 같아 우쭐하기도 한다. 프랑스 기반의 패브릭 패션 브랜드 홀리앤러브의 아이템들이 딱 그렇다. 유니크한 컬러와 패턴, 핸드프린팅 기법을 이용한 장인정신, 트렌디한 디자인이 조화를 이룬 맘&키즈 아이템을 선보인다. 매일 들고 다니기 편하면서도 기분을 한껏 끌어올리고 싶다면 데일리백으로 추천한다. 아이와 시밀러룩을 연출하기에도 좋다.

03

선케어도 깃털처럼 가볍게

화사하게 내리쬐는 햇볕은 기분 좋으면서도 한편으로 피부 건강이 신경 쓰이게 마련이다. 모자나 선글라스 외에도 자외선 차단제를 꼭 챙겨야 하는 이유다. 투명하게 발리면서 보송보송한 사용감을 갖춘 선스틱을 선호하는데, 비건 뷰티 브랜드 니얼지에서 선스틱 신제품을 출시했다. 손에 묻히지 않고 쓱쓱 바를 수 있는 편리성과 깃털처럼 가벼운 사용감을 갖춰 끈적임이나 번들거림에 예민한 사람에게도 추천할 만하다.

땀과 물에 강하면서도 SPF50+ PA++++의 강력한 자외선 차단 기능성을 갖춘 초경량 비건 선스틱. 병풀추출물, 칼라민파우더 등 피부 진정에 도움을 주는 성분을 함유했다. **에어터치 선스틱 18g 2만2천원, 니얼지.**

△ + ■

04

A5, A4, A3 등 규격 종이 보관을 위해 개발된 수납 시스템으로, 단단한 수평 구조와 매끄러운 표면, 액자처럼 맞물리는 디테일을 갖춘 종이 수납 상자. **A 박스 시리즈 6만9천~14만9천원, 루츠 by 키오스크키오스크.**

EDITOR'S PICK · How to be a Good Parent

차곡차곡 쌓아 올린 취향

수납함의 사명이 정리정돈이라면, 깔끔한 디자인은 필수 덕목이다. 책상이나 테이블 위에 어질러진 물건을 담을 수납함이 잘 정리되어야 정리정돈이 비로소 완성된다. 목공 가구 공방 루츠와 디자인 편집숍 키오스크키오스크는 모듈형 목재함을 개발해 단정한 수납과 동시에 취향대로 쌓아 올려 나만의 블록 패턴을 맞추는 재미가 있다.

05

행복한 향기를 선물해요

향기는 어떤 순간을 떠오르게 하기도 하고 기분이나 분위기를 전환하게도 한다. '흔들리는 꽃들 속에서 느껴진 거야'라는 노랫말은 스치는 향기로 사랑의 기억을 떠올리기도 했다. 행복한 순간을 떠오르게 하는 향기를 선물하고 싶다면 동구밭 퍼퓸바 세트를 추천한다. 숲속을 지키는 나무와 동물 이야기를 향기와 모양에 담고, 임업 부산물로 만든 친환경 CXP 소재 비누 받침대로 지속가능성까지 챙겼다. 역할놀이에 활용하거나 디퓨저 오브제처럼 활용하다가 향기가 어느 정도 줄어들면 욕실에서 사용하기를 권한다.

EDITOR'S PICK · How to be a Good Parent

토끼, 여우, 곰이 연상되는 향기로 가득한 동물 모양 퍼퓸바 3종과 비누 받침대 1종으로 구성된 **숲속의 동물들 퍼퓸바 세트 4만8천원**.

각기 다른 매력의 우디 블렌딩 향을 담은 우디 퍼퓸바 3종과 스탠드형 비누 받침대 3종으로 구성된 **포레스트 빌리지 우디 퍼퓸바 세트 4만5천원, 동구밭**.

△ + ■

06 나만의 색깔을 찾아서

개성을 드러내는 데 컬러만큼 확실한 방법이 있을까. 특히 아이들 물건은 캐릭터 일색인 경우가 많아서, 디자인이 조금 단순해지거나 나만의 색깔을 고르는 것만으로도 확고한 취향을 만들 수 있다. 아이와 아이 같은 어른을 위한 디자인 문구를 선보이는 하우키즈풀은 간결한 디자인과 선명한 컬러로 소통한다. 아이뿐 아니라 어른도 반색하며 집어든다.

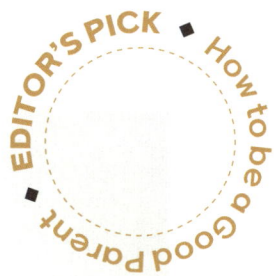

EDITOR'S PICK · How to be a Good Parent

가벼운 무게, 꼭 필요한 수납 공간만 넣은 간결한 디자인의 **스쿨백 30×13×40cm 9만8천원**,

앞쪽에 지퍼 포켓이 있는 보조가방으로 탈착, 길이 조절이 가능한 크로스 끈이 포함되어 있다. **세컨드 백 26×10×32cm 3만5천원 하우키즈풀**.

꼼꼼하고 깐깐하게 찾은
우리 아이 첫 음료

깨끗하고 안전한 재료로 만든 어린이 녹용 음료 바이플레이의 수모 녹용 & 수모 칼슘 녹용을 소개한다.
엄마 아빠가 일일이 챙겨주지 않아도 아이들이 먼저 알고 찾는다.
이제 무늬만 과일맛 음료인 설탕 폭탄 어린이 주스와는 안녕해야 할 때이다.

BRAND STORY

까다롭게 만들고 쉽게 먹을 수 있는 어린이 녹용 음료

목초지에서 마음껏 뛰논 최고 품질의 뉴질랜드산 녹용을 원료로 성장하는 아이들에게 필요한 기를 돋우는 데 도움을 주는 원료 배합과 FDA인증은 물론 검증받은 제조 기관에서 만든 안전한 제품을 선보이는 바이플레이의 수모 녹용과 수모 칼슘 녹용. 녹용이 낯선 어린이들도 거부감 없이 먹을 수 있도록 몸에 좋고 건강한 단맛을 내는 열대과일 과즙과 바나나 퓨레를 함유해 아이들 입맛에 딱 맞아서 일부러 챙겨주지 않아도 아이 스스로 찾아 먹는 어린이 녹용 음료다. 바이플레이는 무늬만 건강 주스인 어린이 음료가 넘치는 시장에서 부모들이 걱정 없이 믿고 먹일 수 있는 아이 음료로, 아이가 찡그리지 않고 진심으로 맛있게 마시는 건강 음료라는 브랜드 철학을 담아 수모 녹용과 수모 칼슘 녹용을 선보였다.

녹용, 성장기 아이들에게 왜 좋을까?

녹용은 늦봄에 사슴의 뿔이 떨어진 다음 그자리에 새로 자란 뿔을 얻어 말린 것이다. 녹용은 단백질, 지질, 아미노산, 칼슘이 풍부해 예부터 양기 보충에 효과적인 약재로 알려졌다. 녹용이 성장기 어린이에게 좋은 점은 성장기에 필요한 핵산과 단백질 합성을 촉진해 아이의 키 성장 등에 도움을 주기 때문이다. 또한 기억력, 집중력 등을 높이는 성분을 풍부하게 함유해 뇌 기능 향상에 도움을 주며, 알레르기성 질환 완화와 면역기능 향상, 기침이나 비염, 천식 등의 증상 개선에도 효과적이다. 그 외에 정상 콜레스테롤 수치 유지 및 혈액건강 개선, 뼈 기능 개선에 도움을 주어 성장기 어린이 건강에 탁월한 효능을 자랑한다.

바이플레이의 수모 녹용을 골라야 하는 이유?

전 세계 누적 판매량 800만 개를 기록한 바이플레이의 수모 녹용과 수모 칼슘 녹용은 아이의 건강을 위해 녹용을 먹이고 싶지만 어려움을 겪는 부모들을 위한 솔루션이자 아이부터 성인까지 온 가족이 섭취해도 좋은 녹용을 담은 프리미엄 어린이 음료다. 세계에서 가장 규모가 크고 발달한 녹용 생산국인 뉴질랜드산 고품질 녹용과 당귀, 황기, 감초, 계피, 백출, 천궁, 지황, 복령 등 8가지 국내산 토종 약초를 담았다. 특히 당귀는 혈소판 응집을 막아주고 혈액순환에 도움을 주며 빈혈 및 뇌세포 손상을 막아주는 효능이 있고, 황기는 원기회복에 도움을 주고 열을 다스리며 면역력을 키우는 데 도움이 되는 약초로 알려져 있다. 성장기 아이들에게 도움을 주는 녹용과 약초에 더해 오렌지, 망고, 패션 프루츠, 구아바, 바나나 퓨레 등 과일에서 추출한 건강한 단맛을 담아 거부감 없는 녹용 음료를 구현했다.

Check point

- ✓ **품질** 아이들이 먹는 음료인 만큼 뉴질랜드산 고품질 녹용을 비롯해 철저하게 엄선한 원료 사용
- ✓ **맛** 녹용이 낯선 아이들이 거부감 없이 먹을 수 있도록 열대과일 과즙과 바나나 퓨레 함유
- ✓ **제조** 농산물우수관리시설(GAP) 지정 생산부터 판매 단계까지 농산식품 안전관리체계 구축

수모 녹용
1box 80ml * 10,
1일 1~2포 복용

수모 칼슘 녹용
1box 80ml * 10, 1일 1~2포 복용

수모 녹용에 칼슘을 더하다

칼슘은 뼈와 치아 형성, 신경 및 근육기능 유지에 큰 역할을 하며, 성장기 아이에게 중요한 필수 영양소이다. 하지만 우리나라 1~2세 아이들의 51%가 칼슘 부족이라는 사실. 칼슘이 체내에 충분히 흡수되려면 아주 많은 양을 섭취해야 하는데 이는 이유식이나 소량의 식사로는 무리가 있고, 칼슘이 많이 함유된 유제품류를 먹지 못하는 아이들도 있다. 수모 칼슘 녹용은 타 칼슘원보다 우수한 생체이용률을 자랑하는 스페인산 리포칼 칼슘을 함유하고 있다. 동물 유래가 아닌 칼슘 소재이며, 마이크로엔캡슐레이션 기술로 미세 입자화하여 분산력을 높였다. 아이들뿐만 아니라 성인 역시 칼슘이 부족한 경우가 많은데 남성보다는 여성이, 또 임신부와 중장년층에도 칼슘 부족 현상이 두드러진다. 수모 칼슘 녹용은 수모 녹용에 칼슘을 더해 평소 부족한 칼슘 섭취량을 채워주는 음료로 남녀노소 누구나 즐길 수 있다.

녹용에 대한 진실 혹은 오해

녹용은 아이를 살찌게 한다?

녹용과 같은 보약, 한약류를 먹으면 살이 찐다는 오해가 있다. 하지만 소화력이 약해 잘 먹지 못하는 아이가 녹용을 먹고 입맛이 돌면 식욕이 생김으로써 체중이 느는 것일 뿐 녹용이 직접적인 비만의 원인은 아니다.

녹용을 먹으면 머리가 나빠진다?

녹용의 경우 오히려 뇌세포를 활성화해 뇌의 기능을 좋게 하고 기억력과 집중력 향상에 도움을 준다.

녹용은 여름에 먹으면 소용이 없다?

녹용은 따뜻한 성질이라 여름에 먹으면 효능이 반감되고 땀으로 다 빠져나간다는 이야기가 있지만 이는 근거가 없다. 오히려 폭염으로 지친 체력과 컨디션을 회복하고 면역력을 강화하는 데 도움이 된다.

BRAND STORY

이런 아이들에게 추천해요!

— 원기회복, 체력증진을 위해 프리미엄 녹용이 필요한 아이

— 녹용 특유의 강한 맛을 거부하는 아이

— 밥을 잘 안 먹고, 먹는 것에 관심이 없는 허약체질 아이

— 활동량이 많아 기력 보충이 필요한 아이

— 환절기마다 체력이 떨어지고 감기가 잦아 면역력을 높여야 하는 아이

— 평소 당이 많은 어린이 음료를 너무 좋아하는 아이

YUMMY YUMMY YUMMY

함께 먹으면 더 좋다!
수모 녹용 페어링 식재료

어린이 음료인 수모 녹용 & 수모 칼슘 녹용은 아이들이 간식으로 많이 찾는 제품이다. 함께 먹으면 수모 녹용의 효능이 더 좋아지는 식재료가 있는데, 대추는 녹용과 궁합이 좋기로 유명하며, 꿀과 우유는 녹용의 흡수를 돕고, 맛을 더 부드럽게 만들어준다. 또, 홍삼과 함께 먹으면 원기회복이나 면역력 강화 효과가 배가된다. 반대로 맵고 자극적인 음식이나 기름진 음식, 카페인이 든 음료는 녹용의 흡수를 방해하므로 함께 복용하지 않는 것이 좋다. 따뜻하게 데우면 부드러운 차로 즐길 수 있고, 무더운 여름철에는 아이들 기호에 맞춰 시원한 주스나 슬러시로 마셔도 좋다.

SPECIAL

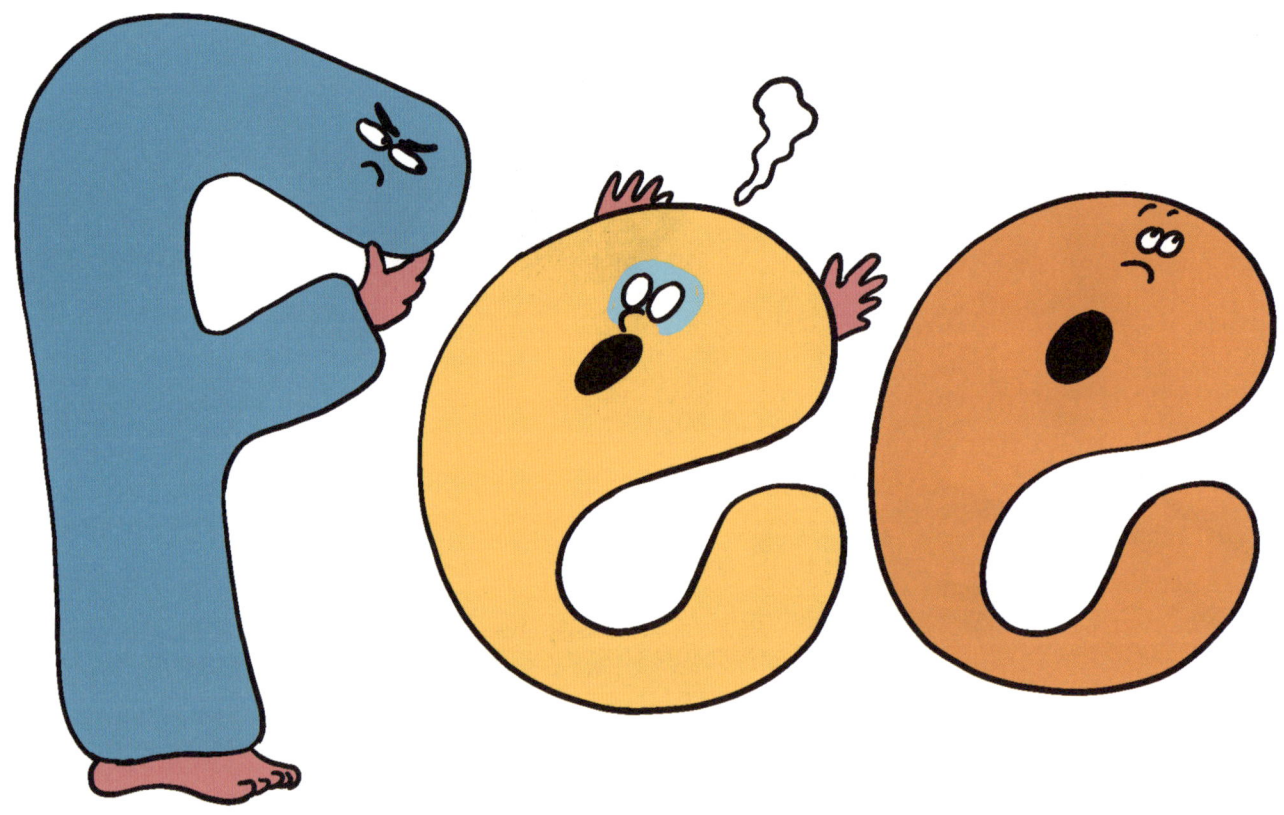

나의 이야기를 만드는 시작, 감정사전

『감정, 정말 다스리기 어려운 걸까?』의 저자 김민화 교수는 이 책을 다시 쓴다면 『감정, 새로운 이야기를 만드는 힘』으로 제목을 바꾸고 싶다고 했다. 감정은 내 안에 꾹꾹 감춰진 이야기를 밖으로 펼치게 하는 '문(門)'과 같다고 말이다. 행복한 삶의 기초가 될 감정 조절 능력을 키우려면 나의 감정을 잘 알고 감정에 대해 이야기해보는 노력이 필요하다. 우리가 느낄 수 있는 감정이 얼마나 다양한지 200개의 감정 단어를 정리하고, 감정사전 곳곳에 김민화 교수가 알려주는 감정을 잘 이야기하는 방법에 대한 인터뷰도 담았다. 마음문학치료사 김은아 소장이 추천하는 마음 그림책까지 읽고 나면 아이와 '감정 탐험'할 준비 완료다.

△ + ■

feeling

"아이에게 감정을 표현하는 방법을 알려주세요"

부모가 가져야 할 중요한 능력 중 하나가 바로 '아이의 고유성을 인정하고 아이만이 가지고 있는 특별한 자원을 발견'하는 것이라고 생각해요. 바로 아이가 자신의 감정을 잘 표현하는 방법을 터득할 수 있게 도와주는 조력자가 되는 일이죠. 그 능력은 '잘 말해주기'가 아니라 '잘 들어주기'에서 시작한다는 것을 잊지 마세요!

김민화 교수
- 신한대학교 유아교육과 교수
- 어린이책 기획자, 작가
- 독서심리상담 전문가, 내러티브 상담전문가, 슈퍼바이저

참고도서 『감정, 정말 다스리기 어려운 걸까?』(다림), 『감정에 이름을 붙여 봐』(파스텔하우스), 『네 느낌은 어떤 모습이니?』(불광출판사), 『아홉살 마음사전』(창비), 『알리키 인성교육 감정』(미래M&B), 『어린이 감정사전: 50가지 감정이 들려주는 내 마음의 소리』(첫번째펭귄), 『어린이 검은 감정 사전』(대림아이), 『읽으면서 바로 써먹는 어린이 감정 표현』(파란정원), 『좋아, 싫어 대신 뭐라고 말하지?』(이야기공간), 『화내지 않고 상처받지 않는 어린이 감정사전』(책읽는달)

041

궁금해

[모르는 것을 알고 싶어서 몹시 답답하다.]

상추에서 나온 달팽이를 베란다 화분에
올려놓았는데 어디론가 사라졌을 때 드는 마음.
'도대체 어디로 간 거지?'
-
아빠가 싼 여행 가방을 열어 보고 싶은 마음.

『아홉살 마음사전』(박성우 | 창비) 중에서

감정 단어들은 감정을 주제로 다룬 책을 참고해서 뽑았다. 뜻풀이는 초등학교 전 학년 전 과목 교과서 낱말을 포함한 4만여 개의 낱말을 토박이 말로 풀고 우리 말법에 맞는 예문을 든 『보리 국어사전』(보리) 4판 1쇄를 참고해 사전적 의미를 표기했다.

CURIOUS?

ㄱ▶ㄴ

Q. 아이에게 감정이란 무엇인지 어떻게 하면 쉽게 얘기해줄 수 있을까요?

"감정은 네 마음의 이야기를 전해주는 친구야"

감정은 매우 추상적인 개념이라 아이에게 감정의 정의를 얘기해주는 건 쉽지 않아요. 감정은 개인의 것이라 각자가 겪은 경험과 화자의 표현력에 따라 다양한 정의가 가능하죠. 아이에게 추상적 개념을 설명해줄 땐 '은유'를 사용하면 좋습니다. 은유적 표현도 그 안에 수많은 경험과 표현을 포함하지만 쉬운 단어나 문장으로 바꿔 전달할 수 있기 때문입니다. 아이에게 "감정은 네 마음이 지금 겪고 있는 이야기를 말해주는 친구야"라고 설명해보세요. "오늘 지오가 슬펐던 건 '속상해'라고 말하고 싶었기 때문인지도 몰라. 마음속 친구의 이야기를 잘 들어보고 그 친구가 하는 말을 엄마 아빠에게도 해줄래?"라고 감정에 관한 이야기를 나눌 수 있어요.
내러티브상담에서는 감정을 "하나의 이야기 조각"으로 봅니다. 감정은 아이가 살아가는 이야기의 일부이며, 그 감정이 등장한 배경과 맥락을 함께 보는 것이 중요하지요. 감정을 문제 삼기보다는 어떤 감정을 느낀 그 순간에 있었던 일들을 얘기하게 해보세요.

가볍다 마음이 걱정거리가 없어 밝고 편하다. 《시험이 끝나서 가벼운 기분으로 놀러 나갔다.》
가뿐하다 몸이나 마음이 날아갈 듯이 가볍고 상쾌하다. 《운동을 마치고 나면 몸이 정말 가뿐하다.》
가증스럽다 하는 짓이 몹시 괘씸하고 더없이 밉다. 《거짓말을 늘어놓는 동무의 태도가 가증스러웠다.》
감동 어떤 일에 마음이 크게 움직여 뭉클한 느낌이 북받쳐 오르는 것.
거북하다 마음이 불편하고 어색하다. 《어른들만 계신 곳에 혼자 있으려니 무척 거북하다.》
걱정 일이 잘못될까 봐 속을 태우고 마음을 졸이는 것.
겁나다 무섭거나 두려워하는 마음이 생기다. 《밤에는 겁나서 바깥에 나갈 수 없다.》
경쾌하다 움직임, 모습, 느낌 같은 것이 가볍고 즐겁다. 《순이 발걸음이 참 경쾌해 보인다.》

고맙다 ① 남이 나를 위해 애써주어서 흐뭇하고 기쁘다. ② 남을 위해 애쓰는 마음이 곱고 정답다.
고소하다 미운 사람이 나쁜 일을 당해서 속이 시원하고 재미있다. 《만날 잘난 척만 하던 그 애가 혼나는 걸 보니 고소하다.》
고요하다 조용하고 가라앉은 듯 차분한 상태.
고집 자기 생각이나 의견을 굽히지 않고 끝까지 버티는 것. 또는 그러는 성질.
고통스럽다 몸이나 마음이 아프고 괴롭다.
곤혹스럽다 어떻게 해야 할지 몰라 난처하고 괴롭다.
공감하다 어떤 것을 보고 서로 똑같이 생각하거나 느끼는 것.
괘씸하다 하는 짓이 고약해 못마땅하고 얄밉다. 《뉘우치기는커녕 나를 속이려 들다니 정말 괘씸한 녀석이다.》

괜찮다 ① 보통보다 썩 좋다. 《내 바느질 솜씨도 이만하면 괜찮은 편이다.》 ② 거리낄 것이 없다. 또는 허락할 만하다. 《여기서는 신발을 신어도 괜찮대요.》
괴롭다 몸이나 마음이 힘들거나 아프다.
귀엽다 하는 짓이나 생김새가 예쁘고 사랑스럽다.
귀찮다 괜히 싫고 성가시다.
그립다 몹시 보고 싶다. 또는 어떤 것이 몹시 필요하다.
근사하다 아주 그럴듯하고 좋다.
기대 어떤 일이 생기기를 바라거나 기다리는 것.
기막히다 ① 몹시 놀랍거나 못마땅하여 어이가 없다. 《자기 엄마 이름도 모르다니 정말 기막힌 일이다.》 ② 이루 다 말할 수 없을 정도로 좋다. 또는 대단하다. 《비가 그치자 기막히게 아름다운 무지개가 떴다.》
기쁘다 좋은 일이 생겨서 기분이 좋다.
기죽다 기가 꺾이다. 또는 풀이 죽다. 《여러 사람 앞이라고 기죽지 말고 씩씩하게 이야기해 봐.》
기특하다 말이나 하는 짓이 흐뭇하고 자랑스럽다.
긴장 정신을 바짝 차리고 마음을 놓지 않는 것. 《시험이 끝나자 긴장이 풀리면서 졸음이 왔다.》
나쁘다 마음이나 기분이 상하거나 언짢다.
난처하다 이럴 수도 저럴 수도 없어서 어찌할 바를 몰라 답답하다.
놀라다 ① 갑자기 생긴 일에 가슴이 두근거리거나 겁이 나다. 《누나가 쥐를 보고 놀라서 소리를 질렀다.》 ② 아주 훌륭하거나 신기한 것에 몹시 감탄하다. 《다섯 살짜리 꼬마의 한자 실력에 깜짝 놀랐다.》 ③ 아주 실망스럽거나 어처구니가 없다. 《3학년이나 된 애가 자기 이름도 못 쓰는 것을 보고 정말 놀랐다.》
누그러지다 화가 나거나 들뜬 마음이 조금씩 가라앉다. 《동생이 엄마한테 혼나자 많이 누그러졌다.》

ㄷ▸ㅁ

 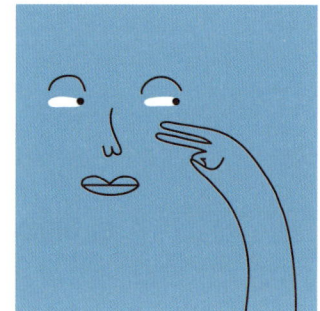

다정다감하다 정이 많고 감동을 잘하다.
다행이다 걱정거리가 사라져서 마음이 놓이는 것.
달콤하다 ① 기분이 편안하고 좋다. 《한낮에 자는 잠은 아주 달콤하지요.》② 어떤 말이 비위를 맞추는 데가 있어 듣기 좋다. 《세뱃돈으로 과자를 사 먹자는 달콤한 말에 귀가 솔깃해졌다.》
답답하다 ① 숨쉬기 어렵다. 《방이 답답하니 창문 좀 열어라.》② 어떤 곳이 비좁거나 막혀 있어 탁 트인 느낌이 없다. 《답답한 골목에서 놀지 말고 운동장으로 가자.》③ 보기에 딱하거나 짜증스럽다. 또는 일을 형편에 따라서 해나가는 능력이 없다. 《늑장을 부리는 동생을 보자니 답답해서 혼났다.》④ 걱정이 있거나 일이 잘 안 돼 안타깝고 애가 타다. 《일이 엉망이 되어서 나도 정말 답답해요.》⑤ 하는 짓이 꽉 막혀 시원스럽지 못하다. 《장대비를 고스란히 맞으며 걸어오다니, 너처럼 답답한 애는 처음 본다.》
당황하다 너무 뜻밖의 일이라 놀라서 어찌할 바를 모르다. 《네가 갑자기 들어와서 당황했잖아.》
두근거리다 몹시 놀라거나 설레거나 불안해서 가슴이 뛴다. 《숙제를 안 했다고 혼날까 봐 가슴이 두근거린다.》
두렵다 거리끼거나 무섭고 불안한 마음을 느끼다.
깜짝 놀랐지? 두려움을 느꼈을지도 모르겠네. 두려움은 힘든 감정이지만 때로는 도움이 되기도 해. 조심성을 잃지 않게 해주거든.
『네 느낌은 어떤 모습이니?』
들뜨다 마음이 가라앉지 않고 붕 뜨다.
따뜻하다 말, 마음, 분위기들이 부드럽고 정이 있다.
따분하다 할 일이 없거나 재미없고 심심하다. 《이 책은 따분해서 못 읽겠어.》
떨떠름하다 내키지 않거나 마음에 들지 않는 느낌이 있다.
떨리다 무섭거나 두려워하다. 《꼭 귀신이 나올 것 같아 가슴이 떨렸다.》

막막하다 어떻게 해야 할지를 몰라 답답하고 걱정스럽다. 《길을 잃어버려서 돌아갈 일이 막막하다.》
만족스럽다 마음에 들어서 흐뭇한 느낌이 있다.
맛 ① 음식을 먹을 때 혀에서 느끼는 여러 가지 느낌. 단맛, 쓴맛, 신맛, 짠맛, 매운맛 등이 있다. 《감기에 걸려서 음식 맛을 잘 모르겠어.》② 어떤 일이나 물건을 두고 느끼는 기분이나 분위기. 《가족이 다 모여야 명절 맛이 난다.》
먹먹하다 ① 귀가 먹은 듯하다. 《삼촌은 늘 귀가 먹먹할 만큼 음악을 크게 튼다.》② 어떤 느낌이 복받쳐 가슴이 답답하다. 《오랜만에 고향 소식을 들으니 가슴이 먹먹했다.》
멋있다 멋이 있다. 또는 보기에 좋고 맵시가 있다.
목메다 기쁨이나 슬픔 같은 느낌이 북받쳐 올라 목이 막히다. 《수십 년 만에 만난 형제가 얼싸안고 목멘 소시로 인사를 나누었다.》
못마땅하다 마음에 들지 않다. 또는 마땅치가 않다.
묘하다 ① 말할 수 없이 색다르고 신기하다. 《강가에서 묘하게 생긴 돌멩이를 주워 왔다.》② 뜻밖의 일이 우연히 일어나서 아주 이상하다. 《할아버지 댁에 가는 날이면 묘하게도 비가 쏟아진다.》③ 재주나 능력이 아주 뛰어나고 신기하다. 《선생님께는 우리 마음을 읽는 묘한 재주가 있으신 것 같다.》
무겁다 마음이나 분위기가 가라앉아 언짢고 우울하다. 《반장이 무거운 교실 분위기를 바꾸려고 애쓴다.》

무섭다 ① 겁이 나고 마음이 불안하다. 《귀신 이야기를 들었더니 무서워서 잠이 안 온다.》② 겁이 날 만큼 몹시 사납고 거세다. 《늑대들이 양을 보고는 무섭게 달려들었다.》③ 어떤 일을 하는 태도가 지독하다. 《언니가 밤을 새워 무섭게 공부한다.》④ 어떤 일이 일어날까 봐 걱정스럽다.
뭉클하다 기쁘거나 슬픈 느낌이 북받쳐서 가슴이 갑자기 꽉 차는 듯한 느낌이 들다.
미안하다 ① 남한테 잘못이나 실수를 저질러서 용서를 빌 만큼 부끄럽다. 《약속 지키지 못해서 정말 미안해.》② 남한테 어떤 일을 부탁할 때 겸손하게 붙여 하는 말. 《철수야, 미안하지만 내 책가방 잠깐만 들어줄래?》
믿다 ① 어떤 것이 틀림없다고 여기다. 《내 말을 믿지 못하겠으면 직접 가서 봐.》② 의지하여 든든하게 여기다.
밉다 ① 생김새나 하는 짓이 몹시 거슬리고 싫다. 《거짓말하는 사람이 가장 미워.》② 볼품없고 못생기다. 《미운 아기 오리》

△ + ■

Q. 아이가 느끼는 감정을 어떻게 대하고 들여다보게 도와주면 좋을까요?

"아이의 감정을 판단하지 말고 이해해주세요"

상담하는 사람들을 교육할 때 '판단의 유보'라는 말을 해줍니다. 이는 좋고 나쁨 또는 옳고 그름을 판단하기에 앞서 내담자의 문제가 발생하는 맥락을 파악하라는 얘기지요. 쉽게 말하면 어떤 일을 문제 삼기 전에 그 일에 관한 이야기를 잘 들어보라는 거예요.
아이에게도 마찬가지예요. "화내는 건 나쁜 일이야", "부끄러워할 필요 없어!"라며 부모의 판단을 말하기 앞서 그 감정에 대한 이야기를 잘 들어 보는 게 중요해요.
이때 감정을 의인화해서 이야기를 나누면 아이가 자신과 감정에 거리를 두고 이야기할 수 있어요. "짜증이가 네 마음에 찾아왔나봐. 짜증이가 어떤 때 찾아오는 거지?" 이런 식으로 감정대화를 나누면, 아이는 감정 때문에 자신이 좋고 나쁨으로 판단되는 것이 아니라 이해받는다고 느낄 거예요. 또 아무리 부정적인 감정이라도 그 안에는 이미 변화의 단서가 있다는 것에 주목할 수 있어요. "너무 속상했구나. 하지만 속상한 감정이 사라지고 난 뒤에는 뭔가 조금 달라진 게 있지 않아?"라고 물으며 뒷이야기도 잊지 말고 나누어보세요. 이런 대화는 아이에게 부정적인 감정이라도 단순히 '멈춰야 할 것'이 아닌 '변화를 이끄는 씨앗'으로 이 감정 또한 꼭 필요한 것이라는 사실을 알려줄 수 있어요.

> 감정 조절을 하는 이유가 부정적인 감정을 없애고
> 긍정적인 감정을 키우기 위한 것이라 생각할 수 있어.
> 그러나 이런 생각은 큰 오해란다.
> 실제 우리가 느끼는 감정 중에 필요 없는 것은
> 한 가지도 없거든.
>
> 『감정, 정말 다스리기 어려운 걸까?』(김민화 | 다림) 중에서

ㅂ

반갑다 보고 싶은 사람을 만나거나 바라던 일을 이루어 흐뭇하고 기쁘다.

벅차다 ① 어떤 일을 하기 힘겹다. 《이 큰 책상을 혼자 옮기기에는 너무 벅차다.》 ② 기쁨이나 희망으로 마음이 뿌듯하다. 《우리나라가 우승을 했다니 가슴이 벅차서 말이 안 나옵니다.》

보람 어떤 일을 한 뒤에 얻는 좋은 결과나 느낌. 무거운 짐을 들고 가는 할머니를 도와드리고 '나 좀 괜찮은 것 같아'라고 스스로 쓰다듬어주는 것. 보람이란 만족스러운 마음이나 자랑스러운 결과. 당당하고 뿌듯해 가슴을 쫙 펴게 되는 것.
『화내지 않고 상처받지 않는 어린이 감정사전』

복잡하다 ① 여러 가지가 마구 뒤섞여 있다. ② 머릿속이 뒤죽박죽 어지럽거나 마음이 뒤숭숭하다. 《엄마는 마음이 복잡할 때면 늘 산책을 나가신다.》

부끄럽다 ① 잘못이나 실수를 저질러서 창피하다. 《동생과 싸운 일을 생각하니 정말 부끄럽다.》 ② 숫기가 없어 수줍다. 《누나들이랑 있기가 그렇게 부끄럽니?》

부담스럽다 어떤 일이 짐스럽거나 꺼림칙하다. 《이렇게 비싼 선물을 주면 내가 너무 부담스러워.》

부럽다 남이 하는 일이나 남의 것을 샘내는 마음이 있다. 《나는 노래 잘하는 사람이 가장 부러워.》

분노하다 몹시 성내는 것.

불만족스럽다 마음에 차지 않아 언짢다.

불쌍하다 형편이 딱하다. 또는 남의 형편이 딱해서 가슴이 아프다.

불안하다 ① 마음이 놓이지 않아서 조마조마하다. ② 분위기가 어수선하다. 《동생 혼자 심부름을 보내려니까 마음이 불안하다.》

불쾌하다 기분이 몹시 나쁘다.

불편하다 어떤 일을 하기가 까다롭거나 힘든 것. 몸이나 마음이 괴로운 것.

뿌듯하다 마음이 기쁘고 흐뭇한 느낌으로 가득하다. 《방 청소를 마치고 나니 마음이 뿌듯했다.》

SPECIAL

ㅅ・ㅇ

쓸쓸해

[마음이 외롭고 슬프다.]

혼자 딱지놀이를 할 때의 마음.
'혼자 하려니까 별로 재미가 없네.'
-
친구들이 내 생일을
축하해주지 않을 때의 마음.

『아홉살 마음사전』(박성우 | 창비) 중에서

사랑스럽다 사랑하고 싶을 만큼 귀엽고 예쁘다.
산뜻하다 기분이나 느낌이 가볍고 상쾌하다. 《목욕을 하고 나니 몸도 마음도 산뜻하다.》
상쾌하다 느낌이나 기분이 시원하고 산뜻하다.
상큼하다 맛, 냄새, 모양들이 산뜻하다.
샘 남이 잘되는 것을 부러워하거나 싫어하는 마음. 《동생이 상을 받으니까 괜히 샘이 난다.》
서럽다 마음이 답답하고 슬프다. 《아무도 내 마음을 몰라줘서 서러워요.》
서운하다 ① 마음에 차지 않아 아쉽다. 《벌써 집에 가야 한다니 서운하네.》 ② 섭섭하고 언짢다. 《미선이 생일잔치에 초대받지 못해 서운하다.》
설레다 마음이 들떠서 두근거리다. 《영이와 만날 것을 생각하니 마음이 설렌다.》
섬뜩하다 소름이 끼치게 끔찍하고 무시무시하다. 《섬뜩한 악어 이빨》
소중하다 귀하고 중요하다.
속상하다 걱정스럽거나 언짢은 일로 마음이 아프다.
수상하다 하는 짓이나 차림새가 이상하고 의심스럽다.
수줍다 남 앞에 나서는 것을 부끄러워하거나 어려워하는 마음이 있다.
수치스럽다 창피하고 부끄럽다. 《거짓말이 들통 나서 수치스럽다.》
슬프다 울고 싶을 만큼 가슴이 아프다.
시원하다 ① 걱정스러운 일이 없어져서 후련하다. ② 말이나 성격, 행동들이 솔직하고 답답하지 않다. ③ 일이 되어가는 것이 충분히 마음에 들다.
시큰둥하다 주제넘게 하찮아 하는 태도가 있다. 《동생이 내 선물이 맘에 안 드는지 시큰둥한 표정을 지었다.》

△ + ■

신기하다 놀랍고 이상하다.
신나다 재미있고 즐거운 기분이 들다.
신중하다 침착하고 조심스럽다.
실망하다 바라는 대로 되지 않아 속상해하고 안타까워하다.
생일 파티에 못 온다는 친구의 연락을 받을 때 드는 마음. 글짓기 대회에서 당연히 상을 받을 줄 알았는데 아무 상도 받지 못했을 때의 마음. 보고 싶은 영화를 보러 갔는데 표가 없어서 보지 못할 때의 마음. 시험에서 열 개도 넘게 틀렸을 때 스스로에게 드는 마음. 『어린이 검은감정 사전』
싫다 ① 어떤 것이 못마땅하다. ② 어떤 일이 하고 싶지 않다.
싫증나다 싫어하는 마음이나 느낌. 《아무리 재미있는 이야기도 자꾸 들으면 싫증이 난다.》
심술나다 남이 잘못되기를 바라는 마음보. 또는 남을 골리려는 마음보.
심심하다 할 일이 없어 따분하고 재미없다.
아무것도 할 게 없어. 침대도 정리했고, 피리 부는 연습도 했고, 책은 다 봤고, 퍼즐 놀이는 이제 지겹고. 아 정말 심심하다. 심심하다. 정말 심심해.
『알리키 인성교육 1 감정』
쑥스럽다 멋쩍고 부끄럽다. 《혼자 노래를 부르려니 몹시 쑥스러웠다.》
쓰라리다 다친 자리라 쓰리고 아리다. 마음이 몹시 아프다.
아깝다 ① 소중한 것을 놓치거나 잃어서 섭섭하고 아쉽다. ② 어떤 것이 소중하고 귀해서 쓰거나 버리기 싫다. ③ 사람이나 물건이 가치에 걸맞게 쓰이지 못해 안타깝다.
아늑하다 편하고 조용하다. 또는 포근하고 따뜻하다.

아름답다 ① 생김새, 소리들이 곱고 예쁘다. ② 마음씨, 행동들이 착하고 갸륵하다.
아쉽다 ① 필요한 것이 없거나 모자라서 안타깝다. ② 어떤 일을 이루지 못해서 서운하다.
아찔하다 자기 정신이 아득하고 어지러워서 쓰러질 듯하다. 《아기가 공을 쫓아서 차도로 뛰어가는 것을 보자 눈앞이 아찔했다.》
아프다 ① 몸이 몹시 괴롭고 힘들다. ② 몸에 상처가 나거나 밖에서 오는 자극이 커서 고통스럽다. ③ 마음이 안타깝고 슬프다.
안쓰럽다 어렵고 힘든 처지에 있는 사람이 가엾고 딱하다.
안타깝다 마음대로 되지 않거나 보기에 딱하여 속이 타고 답답하다.
암담하다 희망이 전혀 없어서 아주 괴롭고 답답하다. 《숲에서 길을 잃어 어떻게 빠져나가야 할지 암담하다.》
애매하다 아무 잘못 없이 혼이 나거나 벌을 받아 억울하다. 《잘못도 없이 애매하게 벌을 받았다.》
애쓰다 어떤 일에 몸과 마음을 다하여 힘쓰다.
애처롭다 딱하고 안쓰럽다. 《집을 잃은 강아지가 애처롭게 웅크리고 있다.》
애틋하다 ① 가슴앓이를 할 만큼 슬프고 안타깝다. ② 사랑이나 정이 깊다. 《할머니가 막내를 유난히 애틋해하셨지.》
야속하다 쌀쌀맞고 인정이 없게 굴어 몹시 서운하다.
얄밉다 하는 짓이 은근히 밉다. 《엄마한테 혼나는데 옆에서 거드는 동생이 얄미웠다.》
양보 ① 물건, 자리, 차례 같은 것을 다른 사람에게 먼저 내주는 것. ② 자신의 주장을 굽히고 남의 의견을 따르는 것.
어렵다 ① 어떤 일을 하거나 이루기가 힘들다. ② 어떤 것을 알거나 풀기가 쉽지 않다. ③ 형편이 넉넉하지 않거나 사정이 좋지 않다. ④ 윗사람이나 모르는 사람 앞에서 마음껏 행동하기가 거북하거나 두렵다.
어리둥절하다 무슨 일인지 몰라서 얼떨떨하다.
어수선하다 ① 여러 가지가 마구 널리거나 뒤섞여 어지럽다. ② 마음이나 분위기가 뒤숭숭하다.
어이없다 일이 너무 뜻밖이어서 놀랍거나 기가 막히다.
어지럽다 ① 머리가 빙글빙글 돌면서 정신이 흐릿하다. ② 이것저것 뒤섞여 아주 어수선하다.
억울하다 잘못도 없이 애먼 일을 당하여 답답하고 분하다.
언짢다 기분이 나쁘고 찜찜하다.
얼떨떨하다 뜻밖의 일로 정신이 없고 멍하다.
여유롭다 서두르지 않고 느긋하다.
역겹다 맛이나 냄새가 토할 듯이 고약하다. 또는 어떤 것이 아주 싫다.
예쁘다 ① 생김새가 아름답고 보기 좋다. ② 하는 짓이 사랑스럽거나 귀엽다.
외롭다 홀로 남아서 서글프고 쓸쓸하다.
용서 지은 죄나 잘못을 벌하지 않고 너그럽게 덮어 주는 것.
우습다 ① 웃음이 나올 만큼 재미있다. 《석호가 철봉에 대롱대롱 매달린 모습이 정말 우스웠다.》 ② 대수롭지 않다. 《덩치가 작다고 해서 민수를 우습게 보면 안 돼.》
우울하다 몹시 슬프거나 걱정스러워 마음이 어둡고 가라앉은 것.
어느 날, 몇 시간 동안이나 헛되이 별을 부르는 우울한 하늘 때문에 마음 한가득 불안을 품고 멀리 날아갔네, 마지막 제비들이.
세르조코라치니 『바다를 향해 열린 창』
우쭐 기운이 나서 한껏 뽐내는 모양.
울적하다 기분이나 마음이 쓸쓸하고 답답하다. 《왠지 마음이 울적해요.》
웃기다 ① 다른 사람을 웃게 하다. ② 하는 짓이 우스울 만큼 어이없고 한심하다.
원망스럽다 해를 입힌 사람이나 일이 야속하고 밉다.
유쾌하다 기분이 즐겁게 좋다.
으쓱- ① 어깨를 한 번 들먹이는 모양. ② 아주 자랑스러워하는 모양.
의기양양하다 어떤 일이 잘되어 우쭐거리는 태도가 있다.
이상하다 ① 상태가 정상이 아니다. 《그렇게 소리를 쳤는데도 못 듣다니 귀가 이상한 거 아니니?》 ② 겪어 오거나 아는 것과는 다르다. 《이건 처음 보는 아주 이상한 꽃인걸.》 ③ 잘 알 수 없거나 의심스럽다. 《내 짝이 왜 그런 이상한 행동을 보였는지 모르겠다.》

SPECIAL

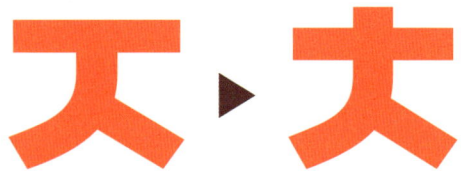

자랑하다 스스로 훌륭하다고 여기는 것을 남한테 뽐내는 것. 자랑할 만하여 흐뭇하다.
자만하다 스스로 대단하다고 여겨 잘난 척하는 것. 《한 번 일등 했다고 자만하지는 마라.》
자신하다 어떤 일을 할 수 있다고 스스로 믿는 것.
재미있다 어떤 일을 하면서 느끼는 즐거운 기분이 들다.
적적하다 외롭고 심심하다.
절망하다 희망을 잃는 것.
절실하다 ① 느낌이나 마음이 강렬하다. ② 아주 급하고 중요하다.
정겹다 정이 넘칠 만큼 좋다.
정직하다 거짓 없이 참되고 곧은 것.
조마조마하다 앞으로 닥칠 일이 걱정되어 마음이 불안하다.
병원에서 주사를 맞기 직전에 드는 마음. '엄청 아플 것 같아' 불고 있는 풍선이 점점 커질 때 '이러다 터지면 어쩌지?' 『어린이 검은감정 사전』
존중하다 높이 받들고 소중하게 여기는 것.
좋다 ① 성질이나 내용, 상태가 보통보다 낫다. ② 어떤 것이 마음에 들거나 어떤 일을 하기에 알맞다. ③ 기분이 기쁘거나 즐겁다. ④ 어떤 일을 해도 문제 될 것이 없다. ⑤ 어떤 것이 몸에 이롭거나 문제가 없다.
좌절하다 어떤 일에 실패하는 것. 또는 어떤 일에 실패하여 마음이나 기분이 몹시 상하는 것.
주눅들다 무섭거나 부끄러워서 기를 펴지 못하는 것.
즐겁다 마음이 흐뭇하고 기분이 좋다. 또는 어떤 일이 기쁘고 재미있다.
지겹다 어떤 일이 되풀이되거나 재미없어서 몹시 따분하고 싫다.
지루하다 시간이 오래 걸리거나 똑같은 일이 되풀이되어 싫증이 나다.
질투하다 남이 잘되는 것을 샘내고 미워하는 것.
친구가 멋진 자전거를 타고 으스대며 놀이터에 나타났어. 칫, 펑크나 나라! 질투란 다른 사람이 잘되는 것을 괜히 미워하고 싫어하는 것. 남이 잘되면 배가 살살 아파오는 것.
『화내지 않고 상처받지 않는 어린이 감정사전』
짜릿하다 ① 몸의 한 부분이 쑤시듯이 저린 느낌이 있다. ② 갑자기 흥분하여 마음이 떨리다.
짜증나다 못마땅하여 싫은 티를 내는 것.
찜찜하다 만족스럽지 못하거나 걱정스러운 일로 마음이 꺼림칙하다.
찡하다 눈물이 나올 만큼 가슴이 뭉클하다. 《주인을 구한 강아지 이야기에 가슴이 찡했다.》
창피하다 떳떳하지 못하거나 낯뜨거운 일을 당해 몹시 부끄러운 것.
처참하다 몹시 슬프고 끔찍하다. 《태풍이 지나간 바닷가 마을이 얼마나 처참한지 눈 뜨고 볼 수 없었다.》
철렁하다 뜻밖의 일에 놀라서 걱정되거나 마음이 무거워지다.
친구들과 놀다가 시계를 보니 엄마와의 약속 시간이 지났을 때 놀라는 마음.
『어린이 검은감정 사전』
초라하다 겉모습이 허술하고 보잘것없다.
초조하다 애가 타고 마음이 졸아 조마조마하다. 《해가 지자 동생과 나는 초조하게 엄마를 기다렸다.》
최고다 가장 으뜸인 것. 가장 높거나 뛰어난 것.
축하하다 남의 좋은 일을 함께 기뻐하면서 인사하는 것.
충만하다 느낌, 기운들이 가득차다.
치사하다 말이나 행동이 하찮은 것에 얽매여 좀스럽고 쩨쩨하다.
친근하다 자주 만나거나 어울려 사이가 아주 가까운 느낌이 있다.
침울하다 걱정이나 실망에 빠져 마음이나 표정이 무겁고 어둡다.

Q. 현명하게 화를 다루는 방법을 알고 싶어요.

"화를 다스릴 수 있는 자원은 누구에게나 있어요"

"화가 난 그 순간에도 참으려고 노력했구나. 그건 혹시 네가 친구 사이를 소중하게 생각해서였을까?" 이런 질문은 감정 이면에 감춰져 있는 가치있는 이야기를 발견할 수 있도록 도와줍니다.

또 아이와 '화남' 또는 '짜증'과 같은 부정적 감정에 대해 이야기할 때, 화가 났을 때 '화를 낸' 이야기만 중심에 두지 말고, 그럼에도 불구하고 '화를 내지 않았던' 때를 찾아보세요. 분명 화가 났을 법한 상황인데도 화를 내지 않은 예외 사건이 있을 거예요. 예를 들어, 친구가 별명을 부르며 놀렸는데도 화를 내지 않고 씨익 웃어 보였다든지 하는 경험 말이지요. 아이와 그동안의 일들을 살펴보면서 그런 사건을 발견했다면 "그때 어떻게 화를 참을 수 있었어? 대단한데!"라고 물어보세요.

이유가 엉뚱하더라도 그 이유가 바로 아이가 '화를 잘 다룰 수 있는 자원'이라는 걸 아셔야 해요. 다음 대화가 더 중요합니다! "네가 화가 나도 (그 이유를 발휘해서) 꾹 참을 수 있었던 순간이 또 있었어?" 이 질문은 아이 스스로 화를 다스릴 수 있는 훌륭한 자원을 갖고 있다는 것을 인식하게 하고, 이런 부모와의 대화를 통해 아이는 자신이 '화를 잘 다스릴 수 있는 사람'이라는 새로운 인식을 갖게 될 거예요.

화나
[마음에 들지 않거나 기분이 나빠서 불쾌한 마음이 생기다.]

두 시간 동안 완성한 만들기 숙제를
동생이 망쳤을 때 드는 마음.

내가 컴퓨터 오래 했다고 아빠가 혼낼 때 드는 마음.
'아빠는 맨날 게임하면서, 나한테만……'

『아홉살 마음사전』(박성우 | 창비) 중에서

ㅋ▸ㅎ

켕기다 팽팽해져서 땅기는 느낌이 들다. 잘못한 일이 있어서 마음속으로 걱정되거나 겁이 나다.
통쾌하다 속이 시원하게 아주 즐겁게 유쾌하다.
편안하다 몸과 마음이 편하다.
평화롭다 마음속에 걱정, 불안, 욕심들이 없는 평온한 상태다.
포근하다 ① 살갗에 닿는 느낌이 따뜻하고 보드랍다. ② 마음, 느낌, 분위기들이 따뜻하고 편안하다.
친구를 꼭 껴안거나 고양이를 살살 어루만지면 진짜로 기분이 좋아져. 표정도 밝아져.
『네 느낌은 어떤 모습이니?』
피곤하다 몸이나 마음이 지쳐서 기운이 없는 것.
한심하다 정도가 지나치거나 모자라서 딱하거나 기막히다.
행복하다 삶에 만족하여 더없이 기쁘고 즐거운 상태.
허무하다 아무것도 없이 텅 빈 것. 또는 아무 뜻이나 보람이 없어 허전하고 쓸쓸한 것.
허전하다 마음이 텅 빈 것처럼 아쉽다.
허탈하다 기운이 빠지면서 정신이 멍한 것. 《물을 쏟는 바람에 애써 그린 그림을 망쳐버려서 몹시 허탈했다.》

혼란스럽다 이것저것 마구 뒤섞여 어지럽다. 《이제는 대체 누구 말이 맞는지 혼란스럽다.》
홀가분하다 ① 딸리거나 지닌 것이 없어 편하다. ② 걱정되거나 책임질 것이 없어 마음이 가볍다.
활기차다 힘이 넘치고 씩씩하다.
황당하다 말이나 행동이 거짓되거나 터무니없다.
황홀하다 ① 눈이 부실 만큼 환하고 아름답다. ② 어떤 것에 마음이 사로잡혀 정신을 차릴 수 없다.
후들거리다 몸이나 팔다리가 심하게 떨리는 모양. 《무대 위에 올라가니 다리가 후들후들 떨린다.》
후련하다 마음에 맺힌 일이나 답답한 것이 풀려서 시원하다.
훈훈하다 ① 온도나 날씨가 견디기 괜찮을 만큼 덥다. ② 마음이 정겹고 따스하다.
흐뭇하다 아주 마음에 들어 기분이 좋다.
흡족하다 아주 넉넉하거나 조금도 모자람이 없어 아주 마음에 들다.
흥미롭다 어떤 일이나 사물에 마음이 끌려 재미를 붙이거나 관심을 기울이게 되는 것.
흥분하다 어떤 일에 자극을 받아 감정이 치밀어 오르는 것.

희망하다 ① 어떤 일을 이루거나 얻기를 바라는 마음. ② 바라는 것이 이루어지리라는 생각을 끝까지 버리지 않는 마음.

희망은 날개 달린 것
영혼의 횃대에 앉아
가사 없는 노래를 부르네
절대 멈추지 않네
모진 바람에 더욱 달콤한 소리
혹독한 폭풍에
작은 새는 움츠릴 만도 하지만
모든 사람에게 따스한 온기를 주었네
나는 가장 추운 나라에서도
저 머나먼 바다에서도 그 노래를 들었네
그러나 아무리 절박해도 희망은 결코
내게 빵 한 조각 청하지 않았네
「희망은 날개 달린 것」 에밀리 디킨슨

힘들다 무엇을 하는 데 힘이 퍽 많이 들어서 하기가 어렵다.
힘차다 힘이 있고 씩씩하다.

049

그림책으로 보는 감정들

기쁨, 슬픔, 걱정, 미안함, 화남, 그리움 등 셀 수 없이 많은,
우리 안의 다양한 감정들을 마주하고 공감하며 위로받을 수 있는 그림책.

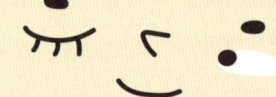

『감정은 무얼 할까?』

티나 오지에비츠 글 | 알렉산드라 자욘츠 그림 | 비룡소

이 책은 '호기심'이라는 즐거운 감정으로 시작한다. 그다음은 트램폴린 위에서 뛰고 있는 즐거움이다. 그리고 주위를 따뜻하게 만드는 감사로 향한다. 장롱 밑 컴컴한 구석의 녹슨 깡통 속에 앉아 있는 두려움과 아무도 가지 않는 길로 여행하는 상상력까지 31가지 감정이 각각 무얼 하고 있는지를 하나씩 보여준다. 우리의 마음속에는 분노·슬픔·우울·걱정·짜증·두려움과 같은 어두운 감정 외에도 수없이 많은 밝은 감정이 존재하고 있다는 사실.

김은아 소장

마음문학치료연구소장
그림책 칼럼니스트, 작가

그림책에 누구보다 진심이며 전문가인 김은아 작가가 고민, 고민끝에 고른 11권의 감정 그림책. 작가는 얼마 전, 루시 모드 몽고메리의 빨간 머리 앤 여덟 권의 원서에서 반짝이는 문장들을 발췌해 우리말로 옮기고, 자신의 삶과 사람 이야기를 버무려 그녀만의 '인생 공감서' 『친애하는 나의 앤, 우리의 계절에게』(왓이프아이디어)를 펴냈다. 오랜 시간 앤을 천착하고 애정해온 작가가 뽑은 빨간 머리 앤 시리즈의 문장들은 앤과 앤 주변 사람들이 크고 작은 일들을 겪어내며 느낀 감정들을 작가의 섬세하고 예민한 시선으로 통찰한다. 그가 우리 안의 다양하고 소중한 감정을 만나고 이해할 수 있는 그림책을 소개한다.

『저녁이면 눈 냄새가 난다』
사라 스트리츠베리 글 | 사라 룬드베리 그림 | 위고

어느 겨울날, 숲속에서 친구들과 숨바꼭질하는 작은 늑대를 통해 상실 뒤에 따라오는 그리움을 담담한 어조로 그려냈다. 그리움은 일시적으로 나타났다 금방 사라지는 감정이 아니므로 시간이 지날수록 짙어진다. 그러나 소리 없이 조용히 쌓이기에 눈에 잘 띄지 않고 외면당하기 쉽다. 어린이들의 그리움이 어른들보다 더 선명하고 절절할 수도 있으니, 작은 영혼이 혼자 품고 있는 그리움을 놓치지 말라고 당부하는 것 같다.

『나 진짜 화났어!』
폴리 던바 글·그림 | 비룡소

아이가 의자에 올라가 선반 위의 과자를 꺼내 먹으려다 그만 과자 통과 함께 떨어지고 만다. 게다가 과자가 들어 있는 통 뚜껑이 잘 열리지 않자 화가 폭발한다. 소리를 지르고 바닥을 차며 온몸으로 자신의 화를 표출한다. 엄마를 향해 "진짜 화났어요. 화났다고요!" 하고 얼굴이 빨개지도록 외친다. 그런데 빨강이 그려내는 아이의 화가 귀엽다. 자, 그다음은? 아이의 분노를 가라앉혀 주기 위한 엄마의 솔루션이 시작된다. 효과 만점인 솔루션을 따라가보자.

『똑, 딱』
에스텔 비용-스파뇰 글·그림 | 여유당

똑이와 딱이는 단짝이다. 어느 날 갑자기 사라져버린 딱이를 찾아 헤매던 똑이는 들판에서 다른 새들과 즐겁게 놀고 있는 딱이를 발견하고는 깊은 슬픔에 빠진다. 시간이 지난 후 눈 앞에서 자라난 환상적인 꽃 한 송이를 보고서야 슬픔에서 벗어난 똑이는 그제야 '따로 또 같이'라는 행복의 가치를 깨닫는다. 감정은 순환하는 것이기에 영원한 즐거움도, 영원한 슬픔도 없으며 모든 감정은 건강하고 소중하다는 사실을 알게 한다.

SPECIAL

『어두운 겨울밤에』
플로라 맥도넬 글·그림 | 봄별

해가 저무는 것을, 밤이 찾아오는 것을 두려워하는 아이가 있다. 아이는 자연의 섭리인 해넘이를 막으려고 이런저런 준비물을 챙긴 다음 해를 뒤쫓아 길을 나선다. 이 책에는 작가가 우울과 불안 증세를 앓았던 경험이 녹아 있다. 아이의 모험에 빗대어 자신이 겪은 지난한 싸움, 어둡고 차가운 터널을 지난 끝에 마주한 밝은 빛의 세계를 그렸다. 과거의 자신처럼 '어두운 겨울밤'을 보내고 있는 이들에게 시의 언어와 그림으로 다정한 위로를 전한다.

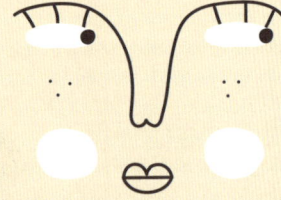

『걱정 상자』
조미자 글·그림 | 봄개울

이런저런 걱정 때문에 웃음을 잃은 주주. 친구인 호는 주주의 마음이 편안해지는 방법을 찾아주고 싶어서 걱정을 상자에 담으라고 한다. 주주의 걱정 상자는 산더미지만 호는 주주에게 괜찮다고 위로하며 함께 걱정 상자를 하나씩 해결해 나간다. 걱정은 혼자 끌어안고 있을 때보다 서로 나누고 같이 방법을 찾는 게 좋다고 말한다. 걱정 상자가 해결될 때마다 주주와 호가 맛보는 성취감과 만족감은 이 책이 어린이 독자들에게 주는 또 다른 선물이다.

『미움』
조원희 글·그림 | 만만한책방

어느 날 한 아이가 갑자기 "너 같은 거 꼴도 보기 싫어!"라는 말을 하고는 가버린다. 왜 그런지 말도 안 해주고. 처음 듣는 말이다. 눈물이 나올 것 같았다. 그래서 나도 너를 미워하기로 한다. 온종일 미워하는 데 힘을 썼더니 미움은 점점 커지고 힘도 세지고, 어느새 내 마음은 미움에 잠식당하고 만다. 그런데 이상하다. 목이 가시가 걸린 것처럼 불편하다. 그래서 아이는 어떻게 했을까? 지금 누군가를 격렬하게 미워하고 있다면 이 책을 펼쳐 보기를.

△ + ■

『감정 호텔: 내 마음이 머무는 곳』

리디아 브란코비치 글·그림 | 책읽는곰

감정 호텔에 근무하는 지배인의 환영 인사로 시작한다. 이곳에 머무르는 다양한 감정을 보살피는 것이 지배인이 하는 일이다. 오늘은 또 누가 찾아올지 모르기에 하루하루 새롭고, 어떤 손님은 함께 지내면 즐겁고 어떤 손님은 조금 까탈스럽다. 호텔은 슬픔·분노·사랑·기쁨·희망 등 어떤 손님에게든 방을 내어준다. 그런데 손님마다 방을 쓰는 모습이 다르다. 호텔을 드나드는 다양한 감정을 만나고 나면 어느새 지배인은 바로 '나 자신'이라는 결론에 이른다.

『컬러 몬스터: 감정의 색깔』

아나 예나스 글·그림 | 청어람미디어

어느 날 컬러 몬스터의 감정들이 뒤죽박죽되었다. 친구인 여자아이는 컬러 몬스터에게 엉망진창이 된 감정을 병에 따로따로 나눠 담아 정리해보라고 한다. 그렇게 해야 뒤죽박죽인 감정을 제대로 알 수 있으니까. 기쁨·슬픔·화·무서움·평온함. 컬러 몬스터는 감정을 제대로 정리할 수 있을까? 추상적이고 복잡한 감정의 개념을 명쾌한 색깔과 이미지로 만나고 나면 아이의 방에 다섯 개의 작은 병을 준비해주고 싶은 마음이 생긴다.

『행복이 시작되는 곳』

에바 엘란트 글·그림 | 보물창고

"행복을 찾고 있니?" 어린이 독자든, 어른 독자든 누구나 이 물음에 "예스!"라고 대답할 테다. 그런데 행복은 종종 변장을 하거나 다른 이름으로 불리기도 해서 그 정체가 묘연하다. 행복이란 무엇일까? 행복은 어느 순간의 감정일까? 하나의 관념일까? 실체가 있는 걸까? 사람들은 누구나 행복을 추구하고 행복을 삶의 목적으로 삼기도 한다. 그런데 그것을 확실하게 성취했다고 말하는 사람은 별로 없다. 왜 그럴까? 이 책과 함께 답을 찾아가보자.

『슬픔의 모험』

곤도 구미코 글·그림 | 여유당

사랑하는 강아지 캔디를 떠나보낸 아이가 세발자전거를 타고 하염없이 달린다. 인도를 지나고 나무 아래를 지나고 숲을 지나고 호숫가를 지나 달리고 또 달린다. 아이는 아무 말도 하지 않는다. '끼익 끼익', '뜨릉 뜨릉' 힘든 바퀴 소리만이 아이의 슬픔을 헤아리듯 뒤따른다. 얼마나 달렸을까? 아이는 캔디의 빈자리를 추억으로 채우고 나서야 슬픔에서 벗어난다. 그런데 이 책에는 거꾸로 들고 볼 때 발견되는 말이 숨어 있다. 아이와 함께 찾아보기를.

모델 브룩, 엠마, 서오, 이나 | 패션스타일링 류민희 | 헤어메이크업 박성미 | 사진 제이콥 마이어슨 | 진행 배수현 기자

엠마 옐로컬러 후디 윈드브레이커 22만8천원, 트루아티스트. 아가일 체크 패턴의 스모크 드레스 15만8천원, 트루아티스트

브룩 스트라이프 패턴의 코튼 티셔츠 3만5천원, 골든조.

서오 스카이블루컬러에 오렌지, 그린 포인트 니트 톱 15만8천원, 트루아티스트. 빅 사이즈 포켓 디테일의 오렌지컬러 니트 쇼츠 14만8천원, 트루아티스트. 레드컬러 하이톱 슈즈 4만5천원, 컨버스.

△ + ■

The Shape of Emotion

Up and Down

난 기분이 우울할 땐 양말을 쭉 끌어올려 신어.
그럼 달리고 싶어지거든. 지금 네 마음은 어때?

엠마 깅엄 체크 패턴 러플 톱 3만2천원, 같은 패턴의 티어드 스커트 5만2천원, 모두 엔페이퍼. 블루와 와인컬러가 매치된 니하이삭스 2만3천9백원, 굿마더신드롬. 스카이블루컬러 슈즈 4만1천3백원, 벤시몽.

브룩 톤 다운된 블루컬러와 깅엄 체크 패턴의 후드 집업 점퍼 8만8천원, 프릴 롱팬츠 5만9천원, 모두 엔페이퍼. 네이비 타이포 프린트의 링거 티셔츠 3만2천원, 골든조. 소프트 블루컬러 슈즈 4만1천3백원, 벤시몽.

엠마 (위) 사랑스러운 프린세스 칼라 원피스 8만8천원, 젤리멜로. (오른쪽) 체리 프린트 스퀘어 라인의 튜닉 블라우스 5만9천원, 젤리멜로.

서오 주사위 프린팅 딥블루 티셔츠 8만8천원, 트루아티스트. 블루 스웨트 쇼츠 9만8천원, 트루아티스트. 레트로 느낌의 스트라이프 니트 베스트 17만2천원, 트루아티스트. 코발트컬러 슈즈 4만1천3백원, 벤시몽.

이나 토마토컬러의 프린트 티셔츠 3만9천원, 메르시유. 같은 컬러의 화이트 레이스 트리밍된 티어드 스커트 4만3천원, 메르시유. 코발트컬러 로고플레이 볼캡 가격미정, 우트. 머스타드컬러 운동화 4만1천3백원, 벤시몽.

FASHION

이나 블러썸 프린트 핑크 스웨트 셔츠 4만3천원, 메르시유. 핑크 바이커 쇼츠 3만9천원, 엔페이퍼. 레드컬러 샌들 3만8천원, 메듀즈. 그린 타이포 프린트 토트백 1만5천원, 골든조. 바이올렛 컬러 백팩 5만5천원, 골든조.

브룩 오렌지 스트라이프 빈티지 티셔츠 3만5천원, 골든조. 베이지컬러의 코튼 점프슈트 9만9천원, 젤리멜로. 톤 다운된 오렌지 삭스 2만9백원, 굿마더신드롬. 그린컬러 스웨이드 스니커즈 13만9천원, 아디다스.

이나 로고 프린트가 포인트인 그린 선드레스 12만8천원, 트루아티스트. 스파이시 레드컬러 짐 백 가격미정, 트루아티스트. 딥 그린 샌들 3만8천원, 메듀즈.

서오 (왼쪽) 딥 그린컬러 코치 재킷 12만원, 골든조.

서오 (아래) 오리 프린트 티셔츠 3만9천원, 젤리멜로. 라벤더컬러의 트러커 재킷 9만9천원, 젤리멜로. 해바라기 프린트의 와이드 데님 팬츠 6만6천원, 젤리멜로. 인디핑크컬러 스니커즈 스타일리스트 소장품.

브룩 블루버드 코럴컬러 티셔츠 3만9천원, 젤리멜로. 옐로컬러 로고가 가득한 블루 코튼 드레스 7만7천원, 젤리멜로. 스트라이프 볼캡 8만8천원, 트루아티스트. 코럴컬러 하이톱 4만5천원, 컨버스.

제품협조 골든조(golden-joe.com), 메듀즈(www.ssg.com), 벤시몽(www.musinsa.com), 아디다스(www.adidas.co.kr), 엔페이퍼(enpaper.kr), 우트(1599-2574), 젤리멜로(jellymallow.com), 컨버스(www.converse.co.kr), 트루아티스트(trueartist.kr), 굿마더션드롬(goodmothersyndrome.com)

스토케와 함께, 햇살 가득한 하루

화사한 햇살을 닮은 미소, 아장아장 발걸음, 오물거리는 입 모양, 쌔근쌔근 잠든 너의 숨소리… 지켜주고 싶은 아이의 모든 순간을 스토케로 가득 채웠다.

AM 8:30
둥근 해가 활짝 웃어요

△ + ■

AM 11:00
우리 산책 할래요?

◀ **트립트랩**
처음부터 함께, 우리 아이 최고의 친구 트립트랩. 세계적인 산업디자이너 피터 옵스빅이 고안한 혁신적인 유아 의자. 곡선형 등받이와 시트, 발판 등을 인체공학적으로 설계해, 아이의 바른 성장에 도움을 준다. 새롭게 선보이는 헤더 모브 컬러는 북유럽의 바위산과 해안 길을 따라 피어나는 헤더 꽃의 색조를 담았다. 차분하고 세련된 블루 톤의 피오르드 블루, 따뜻한 오렌지 컬러의 테라코타 역시 자연에서 영감을 받은 트립트랩 트렌드 컬렉션 중 하나다.

요요 봉쁘앙 파라솔 ▶
유러피안 프리미엄 유아용품 브랜드 스토케와 프랑스 유아동복 브랜드 봉쁘앙의 만남으로 탄생했다. 모던 뉴트럴 베이지 컬러 패브릭에 봉쁘앙 시그너처인 체리 패턴을 프린트해 사랑스럽고 우아한 분위기를 완성했다. 새롭게 출시된 여름 액세서리인 UPF 50+ 자외선 차단 효과를 갖춘 파라솔을 장착하면 한낮의 뜨거운 햇볕에도 아이를 완벽하게 보호할 수 있다.

INTERIOR

PM 12:30
화창한 날, 기분까지 산뜻해요

트립트랩 클래식 쿠션 라이온 킹 정글 ▶
디즈니와 협업해 선보이는 트립트랩 클래식 쿠션 라이온 킹 정글은 국제유기농협회(OCS 100)로부터 인증받은 유기농 면 소재에 심바의 다양한 모습이 프린트되어 있다. 아이의 등과 엉덩이를 포근하게 감싸줄 뿐 아니라, 방수 소재로 되어 있어 물이나 음식이 떨어져도 닦아내기 쉽다.

PM 3:00
낮잠 자고 일어나서 더 신나게 놀래요

▲ 스누지
언제 어디서나 이동이 자유로운 소형 아기침대. 무게 7.3kg로 가볍고, 조립이 쉬워 외출이나 여행할 때 휴대하기 좋다. 신생아부터 생후 9개월(15kg)까지 사용 가능하다. 알루미늄 프레임과 통기성이 좋은 3D 메시 패브릭으로 미적 감각과 편의성을 모두 갖췄다.

▲ 클릭
생후 6개월부터 3세(15kg)까지 사용 가능한 이유식 의자. 인체공학적 디자인으로 바른 자세로 앉을 수 있도록 돕고, 5점식 하네스가 아이를 안전하게 지지한다. 무게 3.7kg으로 가볍고 1분 만에 조립이 가능해 휴대하거나 보조의자로 활용하기 좋다.

△ + ■

▼ 플렉시바스와 신생아 서포트
아이의 행복한 배스타임을 선물하는 접이식 아기 욕조. 접이식 디자인으로 보관과 휴대가 간편하다. 플렉시바스 엑스라지는 최대 68L 용량으로 아이 둘을 함께 목욕시킬 만큼 크기가 넉넉하다. 신생아 서포트까지 세트로 구성된 플렉시바스 엑스라지 번들은 신생아부터 6세까지 오래 사용할 수 있다.

PM 5:30
즐겁고 재미있고 너무 신나요

PM 8:00
잘 자요! 달콤한 꿈에서 만나요

▲ 슬리피
유럽산 너도밤나무 소재에 스칸디나비안 감성의 디자인을 더한 프리미엄 아기침대. 아이 성장에 따라 매트리스 높이를 4단계로 조절해 사용할 수 있다. 잠금이 가능한 회전 바퀴가 달려 있어 이동이 자유롭고 고정도 간편하다. 침대 가드 한쪽을 열고 매트리스 높이를 낮추면 소파처럼 쓰거나 아이의 아지트로 꾸며 놀기에도 좋다.

의상협찬 페흐도도(faisdodo.co.kr)
모델 이이담(생후 9개월)
세트 스타일링 최새롬(가호스튜디오)
문의 스토케코리아(www.stokke.com)

SUGGESTION

WHO IS —— IN THE ROOM? ——

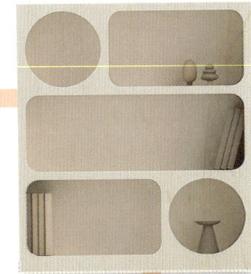

키즈룸 인테리어 솔루션

아이 방은 아이의 나이, 성별, 취향 등을 고려해서 꾸며야 하기 때문에 신경 쓸 게 많다. 어린이 가구 브랜드가 애니메이션 캐릭터를 모티브로 인테리어 솔루션을 제안한다.

사진 영화 〈토이스토리3〉, 〈코코〉, 〈메이의 새빨간 비밀〉(월트디즈니컴퍼니), 〈이웃집 토토로〉(스튜디오 지브리) 공식 스틸컷 글 한미영 기자

필요에 따라 구성하는
멀티 수납장으로 정리정돈 해결!

Solutions by 제이디홈드레싱 jdhomedressing.com

크기와 모양이 제각각인 장난감을 정리하기 쉬운 방으로 만들려면 보관의 구조화가 핵심이다. 아이의 성장과 취향, 라이프스타일에 맞게 조합하고 구성을 추가할 수 있는 멀티 수납장을 추천한다. 심플하고 모던한 디자인의 수납장을 총 11가지로 구성하고, 10가지 컬러로 라인업해 필요에 맞게 조합하면 조화로운 인테리어가 가능하다.

Whose Room is it? 앤디

장난감에 애정이 많은 아이

장난감을 좋아하고 역할놀이를 즐기는 남자 아이. 카우보이 '우디'를 좋아해서 방 안을 카우보이 상품과 장식으로 채운다. '버즈'에게 푹 빠진 뒤에는 장식을 우주인으로 바꾸기도 한다. 장난감들이 계속 상자 안에 박혀 있지만, 버리지는 못한다.

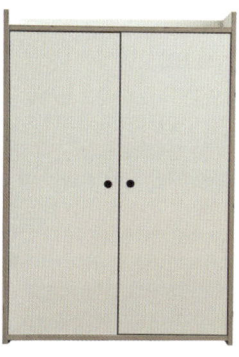

3단 멀티 캐비닛

많은 양의 장난감을 보이지 않게 보관하고 싶다면 문이 달린 캐비닛을 활용한다. 선반 높이를 조절할 수 있어서, 장난감 상자를 통째로 넣어 깔끔하게 정리할 수 있다.
74×29×108cm 56만7천원.

2단 교구장

놀이 동선에 가구를 배치하고, 자주 가지고 노는 장난감을 아이 눈높이에 맞게 수납해 스스로 정리하도록 유도한다. 하단은 앞부분이 높고 칸막이가 있어 크기별로 장난감을 정리하기 용이하다. 커다란 장난감도 규모 있게 정리할 수 있다.
80×29×77cm 29만6천원.

3단 멀티 서랍장

하단에 서랍장이 장착되어 있어 좋아하는 장난감이 바뀌거나 책이 늘어도 한번에 수납이 가능하다.
98×29×108cm 88만2천원.

5×3책장

블록, 인형, 자동차 등 장난감 종류별로 구역을 나누면 정리가 쉽다. 아이가 성장해서 장난감보다 책이 더 많아져도 수납 걱정 없다. 게다가 디자인이 심플해 아이 방뿐 아니라 거실, 엄마 아빠 방에서도 톡톡히 제 몫을 한다.
122×29×108cm 76만4천원.

| Whose Room is it? | 미겔 |

대가족과 함께 살면서 뮤지션을 꿈꾸는 아이

기타를 치며 노래하는 것을 좋아하고, 유명한 뮤지션이 되고 싶은 열두 살. 대가족이 모여 사는 미겔의 집은 음악을 금지하는 전통을 지녔지만, 미겔의 음악에 대한 열정은 꺾기 어렵다.

경계 없는 디자인으로 시간과 이야기를 공유해요

Solutions by 뮤토모 www.mu-tomo.com

가족이 함께 어우러지는 삶의 중심인 공간에 둘러앉아 서로의 이야기를 들려주고, 시간을 나누며, 기억을 쌓는다. 아이가 연주를 하거나 노래를 부르는 무대이며, 서로 애착을 키우는 공간인 만큼 그에 걸맞는 가구가 필요하다. 어린이와 어른의 경계가 없는 디자인 가구를 선택하면 세대를 잇고 이야기를 공유하기에 한결 수월하다.

뮤 스택드 커비
낮은 높이의 책장으로 사용할 수 있을 뿐 아니라 벤치로 활용하면 자유롭고 유연한 생활공간을 만들어준다. 누구라도 나란히 앉아 책을 읽거나 담소를 나누는 소소한 일상을 누리기에 적합하다.
160×30×39cm 33만원.

뮤 턴랙
공간을 효율적으로 나눌 수 있는 회전식 책장이다. 섹션마다 각자의 취향에 따라 활용하거나 아이와 어른이 각각 책을 꽂아두었다가 필요할 때 꺼내 함께 읽기에도 좋다.
40×40×102.5cm 65만원.

뮤 젠 서클
부드러운 라운드 곡선 상판에 간결한 직선 다리가 어디에 두어도 분위기를 살리는 테이블이다. 아이들의 놀이 테이블뿐 아니라 어른들의 여유로운 티타임용으로도 유용하다. 거실 한가운데에 놓고 온 가족이 둘러앉아 이야기를 나누기에 더할 나위 없다.
상판 지름 80cm, 다리 높이는 36cm, 43cm, 57cm, 75cm 중 선택 가능하다.
41만원부터.

Whose Room is it? 메이

몸도 마음도 성장 중인 아이

똑 부러지고 엉뚱 발랄한 매력을 가진 10대. 부모님 말씀 잘 듣는 착한 딸이지만 엄마의 과잉보호에 스트레스를 받기도 한다. 관심사, 인간관계, 신체 등 모든 것이 변해서 당황스럽다.

취향을 담은 컬러로 나만의 공간을 연출해요

Solutions by 탬버린하우스 tambourine-house.com

다양한 색감과 형태, 섬세한 디테일을 담은 가구에 자신만의 취향과 감정을 담을 수 있어야 한다. 비밀 일기장, 보이밴드 포스터처럼 나만의 소중한 보물을 보관할 수 있는 공간이 필요하다. 또 앞으로 성장과 변화에 따라갈 수 있도록 가구 배치에 여유를 두는 것이 좋다. 취향이 담긴 컬러로 포인트를 주면 자신만의 공간을 완성할 수 있다.

타이니체어
종이접기한 듯 반듯한 디자인의 작은 의자. 아이들의 놀이와 학습을 위해 개발됐지만, 협탁으로 활용하기 좋다. 침대 옆에 두고 조명을 올리면 방 안을 부드럽게 밝혀주어 편안한 분위기 연출이 가능하다.
28×29×42cm 21만5천원

북빈
작지만 수납력이 좋은 다목적 수납 상자. 인형, 아이돌 굿즈, 다이어리, 우정 편지까지 좋아하는 것들과 취향까지 담는 보물 상자로 활용하기에 적합하다. 60×30.5×37cm
24만2천원.

모어테이블
학습, 창작, 놀이 등 쓰임새를 자유롭게 확장할 수 있는 책상. 공부하고, 좋아하는 음악을 들으며 일기를 쓰고, 보이밴드 포토카드를 정리하며 마음껏 자기를 표현할 수 있는 공간이다. 책상 다리 면은 자석보드로 활용 가능해 좋아하는 것을 잔뜩 붙였다 뗄 수 있다.
140×80×71.5cm
104만2천원.

북쉘브2×6
아이의 생각이 자라는 만큼 확장이 가능한 책장. 책, 장난감, 창작물까지 모두 수납할 수 있는 넉넉한 공간으로, 서재부터 아이 방까지 다양한 공간을 감각적으로 연출할 수 있다. 취향에 맞는 컬러를 선택할 수 있는데, '진짜 나로 살고 싶은 마음'을 가진 메이에게는 레드 컬러를 추천한다.
67×29×201cm
96만7천원.

SUGGESTION

Whose Room is it? 사츠키 & 메이

방을 같이 쓰는 여덟 살 터울 자매

언니 사츠키는 열두 살, 동생 메이는 네 살. 어른스럽고 차분한 언니와 호기심이 많아 하루 종일 뛰어다니는 동생은 성격이 다르다. 나이 차이가 많지만 서로 놀리고 싸우다가도 언제 그랬냐는 듯 의지하고 챙긴다.

닮은 듯 다르게, 서로 존중하며 함께 자라는 방

Solutions by 밀리엔스 mosdesign.co.kr

자매는 서로를 닮았지만, 각자의 속도와 방식으로 성장하기 마련이다. 각자의 성향이 뚜렷한 아이들이 서로를 이해하고 존중하며 자랄 수 있도록 인테리어하는 것이 관건이다. 공간을 '함께' 쓰지만 각자의 필요가 다르다는 '개별성'을 인정해야 한다. 가구 형태는 다르더라도 같은 색감과 소재로 연결해 시각적 조화를 이루어내는 것이 팁이다.

몽드 토이 박스
간결한 디자인과 넉넉한 깊이, 아이 스스로 정리하는 습관을 자연스럽게 길러주는 장난감 상자다. 귀여운 곰의 표정이 공간에 포인트를 더한다.
60×33.5×34cm 37만4천원.

플레이 테이블 & 체어
각자의 하루가 자연스럽게 흘러가도록 동생 침대 옆에는 감정과 상상력이 스며드는 공간을 연출한다. 촉감 놀이부터 책 읽기까지 활동을 할 수 있는 테이블 세트는 아이의 하루를 다이내믹하게 한다.
테이블 8.7×60.7×59.8cm
체어 39.5×36×41cm 60만원.

클래식 침대와 키즈 침대
단정한 선과 목재 질감의 클래식 침대와 안전 가드가 달린 키즈 침대를 나란히 배치한다. 동생이 자라면 가드를 제거하고 언니 침대와 같은 모양으로 사용한다. 언니처럼 되고 싶은 동생의 마음까지 헤아렸다.
클래식 침대
213×107×94cm 148만원
키즈 침대
213×107×94cm 177만원.

△ + ■

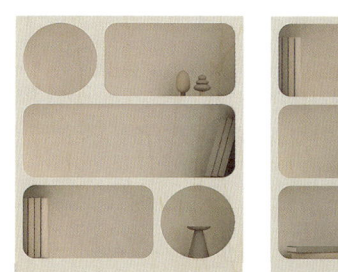

핀 캐비닛
곡선 디테일과 와이드한 수납으로 정리와 수납의 즐거움을 전하는 감성 수납장.
97.2×30×111cm **59만4천원**.

클레로 북케이스
슬림한 구조와 칸막이, 자작나무 고유의 부드러운 톤의 책장을 배치해 언니가 조용히 책을 읽을 수 있는 공간을 마련한다. 공간에 자연스럽게 스며든 책장은 책을 꽂고 꺼내는 손길에 정돈된 리듬을 부여한다.
97×30×111cm **66만원**.

플로우 와이드 3단 서랍장
낮고 넓은 비율로 구성되어 공간을 안정감 있게 채우는 서랍장. 6개의 서랍을 나눠 언니와 동생의 물건을 각각 보관하기에 적당하다.
118×46×91cm **127만원**.

PRODUCT

우리 아이
첫 육아용품 가이드

아이 키울 때 꼭 필요한 대표 용품을 꼽으라면 편안한 외출을 도와주는 '휴대용 유모차', 건강한 식습관을 들이는 '식탁의자', 아이의 호기심을 채워주는 '보행기'를 빼놓을 수 없다. 필수 용품인 만큼 편리성과 품질, 안전성을 꼼꼼히 따져보는 것은 기본이다. 프리미엄 육아용품 전문 기업 엔픽스가 우리 아이 첫 육아용품 고를 때 꼭 알아야 체크포인트를 알려줬다.

사진 제이쿱 마이어스 진행 오정림 기자 문의 엔픽스(www.enfix.co.kr)

가족 나들이가 즐거워지는 '휴대용 유모차'

Check point

- ☐ 기내 반입이 가능한가?
- ☐ 폴딩을 간편하게 한 손으로 할 수 있는가?
- ☐ 5점식 안전벨트인가?
- ☐ 긴 시트 길이로 오랜 기간 사용할 수 있는가?
- ☐ 장바구니 수납공간이 넉넉한가?
- ☐ 원터치 브레이크로 사용이 편리한가?
- ☐ 바퀴마다 독립 서스펜션이 탑재되어 있는가?
- ☐ 안전가드가 있는 상태에서 폴딩이 가능한가?
- ☐ 등받이 각도가 충분히 눕혀지는가?

한 손으로 1초 만에 접을 수 있는 휴대용 유모차 '줄즈 에어2'

네덜란드 프리미엄 브랜드 '줄즈'의 휴대용 유모차가 최근 안정성과 편리성을 더 업그레이드해 출시했다. 무게가 6kg대로 가벼운데다 폴딩 방법이 쉬워 한 손으로 단 1초 만에 접거나 펼 수 있다. 접었을 때 컴팩트한 크기로 기내 선반이나 자동차 트렁크에도 쉽게 보관할 수 있다. 유럽 특허를 받은 인체 공학적 디자인 시트, 안정된 승차감을 보장하는 4륜 독립 서스펜스, UPF 50+ 대형 캐노피 등 아이의 안전을 최우선으로 하는 동시에 3kg 더 늘어난 장바구니, 쉽고 간편해진 등받이 조절이나 안전벨트 조작법, 압도적인 핸들링 등 이용자의 편리성 또한 더욱 좋아졌다. 생후 6개월 이상 아이부터 최대 몸무게 22kg, 키 108cm까지 사용 가능하다. 색상은 총 6가지.

(사진 왼쪽부터) 스페이스 블랙, 스톤 그레이, 세이지 그린, 포레스트 그린, 샌디 타프, 다크 네이비 블루.

안전하고 맛있게!
바른 식습관을 만들어주는
'식탁의자'

Check point

- [ ] 흔들리지 않고 안정적인 A형 구조인가?
- [ ] 친환경 소재와 도료를 사용했는가?
- [ ] 아이의 바른 자세를 위해 인체공학적으로 설계했는가?
- [ ] 아이 성장 단계에 따라 오랜 기간 사용 가능한가?

아이들의 자유로운 움직임을 최우선으로 한 '카오스 클랩 하이체어'

'MADE FOR MOVEMENT'라는 슬로건으로 아이들의 안전하고 자유로운 움직임을 중요시하는 브랜드 '카오스'의 하이체어는 계단형 디자인이 특징이다. 일체형이라 번거로운 조립이나 발받침 높낮이 조절이 필요 없고, 아이 스스로 편안한 위치를 찾아 자연스럽게 바른 자세를 찾아갈 수 있도록 유도한다. 무게를 적절하게 배분할 수 있는 안정적인 A형 구조여서 아이의 움직임에도 안전하고, 최대 110kg 성인까지 사용해도 무리가 없다. 견고한 북유럽산 최고급 원목으로 만들어 단단하면서 무게는 5kg으로 가벼우며, 폴딩 기능이 있어 접으면 폭이 13cm밖에 되지 않아 보관하기도 편리하다. 프리미엄 오크(유럽산 참나무), 비치우드(유럽산 너도밤나무) 두 가지 원목 소재의 라인업으로 구성되며, 이외에 환경을 생각하는 친환경 플라스틱 라인도 선보인다. 원목 라인 색상은 총 6가지, 플라스틱 라인 색상은 총 5가지. 인테리어 취향에 맞는 소재와 컬러를 선택할 수 있다.

△ + ■

재미있고 신나게!
씩씩한 걸음마를 위한
'보행기'

Check point
☐ 바닥 환경에 구애받지 않고 부드럽게 주행되나?
☐ 장난감, 바퀴, 소재 등이 안전 기준에 적합한가?
☐ 성장 단계별 조절이 가능하고, 기능이 다양한가?

보행기부터 점핑모드까지, 4in1 다기능
'롤링360이지 보행기'

쏘서, 시소, 점퍼루, 보행기 총 4가지 기능을 가진 만능 육아용품으로 쏘서 사용시기인 생후 4개월 즈음부터 걸음마 전까지 사용 가능하다. 균형 감각을 키워주는 시소 모드, 점핑을 통해 대근육을 발달시키는 점핑 모드, 주위를 즐겁게 탐색하며 자연스럽게 걸음마 연습을 할 수 있는 보행기 모드까지 아이가 다양한 경험을 즐기기에 제격인 제품. 보행기 전후방과 측면에는 딸랑이, 치발기, 소근육 장난감 멜로디 버튼 등이 부착되어 있어 아이 오감 놀이 장난감으로도 그만이다.

(사진 왼쪽부터) 정글 그린, 가든 핑크, 어반 블루 세 가지 색상과 테마 중 고를 수 있다.

BEAUTY

1 세정, 입욕 겸용이자 멀티 클렌징 오일로 목욕 후에도 피부가 마르지 않도록 촉촉한 보호막을 남겨주는 **스텔라토피아 클렌징 오일**. 500ml 4만5천원, 무스텔라.

Better Skin, Better Life

△ + ■

2 탑투토 고보습 워시로 오랜 시간 촉촉함을 유지해 건조함으로 인한 가려움이나 피부 불편함을 진정시키는 **스텔라토피아 클렌징 젤**. 200ml 3만원, 무스텔라.

3 바이오에콜리아 프리바이오틱, 유기농 해바라기씨오일, 유기농 아보카도오일, 유기농 시어버터 등 성분이 풍부하고 보습감이 오래 유지되어 피부 건조를 완화하고 피부 장벽을 강화하는 **스텔라토피아 플러스 리피드 리플레니싱 크림**. 300ml 5만5천원, 무스텔라.

자연에서 얻은 건강한 재료로 만들어 아이부터 성인까지 온 가족이 함께 쓸 수 있는 스킨케어가 트렌드가 된 지 오래다. 뜨거운 여름을 대비하며 가족의 피부 건강을 지켜줄, 기초부터 탄탄하게 가꿔줄 똑똑한 스킨케어를 준비해야 할 때.

1 제주산 만다린 추출물과 비타민C, E를 함유해 피부에 영양을 공급하고 탄력 있는 피부로 가꿔주며 17가지 식물성 성분이 피부를 생기 있고 환하게 밝혀주는 **만다린 비타민 C+E 하이드레이션 크림**. 30ml 3만4천원, 멜릭서.

2 히알루론산 및 만다린 추출물을 함유한 아침 세안용 클렌저로 부드러운 거품이 밤사이 분비된 피지와 모공 속 노폐물을 말끔히 제거하고 약산성 포뮬러가 유수분 밸런스를 맞춰주는 **만다린 모닝 페이스 클렌저**. 250ml 3만2천원, 멜릭서.

△ + ■

1 식물성 레티놀 바쿠치올 성분이 피부 탄력을 더하고 눈가 주름과 색소 침착을 개선해주는 **블랙라이스 바쿠치올 아이크림.** **20ml 2만2천원, 하루하루원더.**

2 세안 후 첫 단계에서 피부에 풍부한 보습을 주고 피부장벽을 탄탄하게 하며, 자연에서 온 쌀지게미와 발효 흑미로 피부에 영양을 듬뿍 채우는 산뜻한 크림 에센스 **블랙라이스 프로바이오틱스 베이어 에센스.** **120ml 3만2천원, 하루하루원더.**

3 순한 데일리 자외선 차단제로 논 나노 100% 미네랄 징크옥사이드 성분이 피부 흡수 없이 자외선 보호막을 형성해 피부를 철벽 보호하며, 항산화에 강한 국내산 진도 찰 흑미를 쌀겨 오일에 저온으로 100시간 우려내 유효성분 흡수율과 항산화력을 높인 **블랙라이스 퓨어 미네랄 릴리프 데일리 선스크린 SPF50+. 50ml 2만6천원, 하루하루원더.**

제주 당근, 양배추, 사과 추출 성분이 자외선에 칙칙해진 피부톤을 맑고 화사하게 개선하고 천연 비타민을 공급해 피부에 생기를 주는 **CCA 브라이트닝 워시오프 팩**. **110g 2만9천원, 니얼지.**

제주 못난이 감자를 활용한 피부진정 팩으로 자외선, 미세먼지, 꽃가루 등 외부 자극으로 예민해진 피부를 진정시키고 열감이 오른 피부의 온도를 낮추며 수분을 채워주는 **포테놀 카밍 워시오프 팩**. 110g 2만9천원, 니얼지.

제품제공 무스텔라(mustelashop.co.kr),
멜릭서(kr.melixirskincare.com),
하루하루원더(smartstore.naver.com/haruharuwonder),
니얼지(neerg.co.kr)

2025 키즈 라이프스타일 트렌드

지난 2월 26일~3월 2일, 제30회 서울리빙디자인페어가 서울 코엑스에서 열렸다.
키즈 라이프스타일 트렌드를 제시하는 키즈관 「아이가 자라는 집」에는
아이와 함께하는 행복한 삶의 가치를 지향하는 23개 브랜드가 참가했다. 다채로운 재미를 트렌드 키워드로 정리했다.

#아이가자라는집
#감정수집
#꼴렉뜨핑크

부모와 아이를 바라보는 콘텐츠를 기획해온 디자인하우스 맘앤앙팡은 "아이가 자라는 집에 무엇이 필요할까?" 묻고, 그 답을 찾는 여정을 담아내는 기획전시 「아이가 자라는 집」을 전개한다. 육아, 심리, 예술 등 각 분야 전문가와 협업해 부모와 아이의 올바른 성장에 도움을 주는 가치관을 제시한다. 올해 8회를 맞이한 「아이가 자라는 집」은 감정수집을 주제로, 다양한 감정의 조각들로 이루어진 '나'를 있는 그대로 존중하는 가치에 대해 이야기했다.

기쁨, 행복, 두려움, 쓸쓸함, 떨림 등 우리가 느끼는 모든 감정은 유효하다. 마음을 보듬는 따뜻한 감정, 삶에 활력을 주는 긍정적 감정, 우리가 건강하게 살아가는 데 신호를 주는 부정적 감정들까지. 어떤 감정이든 따뜻하게 맞이하고 세심하게 보살피면 찾아왔다가 언젠가는 떠난다. 감정을 제대로 인지하고 잘 다스리는 것이 중요하다.

이번 전시는 다양한 아티스트 및 기업과 협업해 현대미술과 홈인테리어의 새로운 트렌드를 제시하는 큐레이션 플랫폼 '꼴렉뜨핑크(collectpink.com)'와 함께했다. 꼴렉뜨핑크는 독특한 시각으로 감정과 인간관계를 시각화하는 서호성 작가의 작품 아트프린트를 전시해 '나, 나와 너 그리고 우리' 관계의 맥락 속에서 감정의 본질을 탐구하고 관계의 의미를 재조명했다. 감정의 흐름과 변화를 섬세하게 포착한 작품, 감정에 대한 문구, 그리고 '네 기분 어때?'라는 질문에 답하며 감정의 다양성과 깊이를 탐색하는 기회를 제공했다.

더불어 아트에이전시 PNK Art가 운영하는 큐레이션 브랜드 꼴렉뜨핑크가 협업하는 아티스트의 창의적인 예술 작품들로 빼곡하게 채운 감정미술관에서 다양한 감정의 층위를 발견하도록 도왔다. 평범한 일상에 예술 한 조각을 더해줄 아트프린트, 스튜디오루프의 독창적인 디자인 제품도 만날 수 있었다.

마지막으로 8종의 감정카드를 비치해, 전시를 관람한 후 마음이 이끌리거나 더 알고 싶어지는 감정을 담은 작품을 수집하는 체험까지 이어졌다.

△ + ■

#세대공감
#공유
#together

아이와 함께하는 행복한 삶과 아이의 올바른 성장을 응원하는 키즈관「아이가 자라는 집」에는 부모가 아이의 감정을 공감하고, 서로의 일상을 나누며 신뢰를 구축하는 환경에 가치를 둔 브랜드들이 참여한다. 올해는 세대를 넘어 취향을 공유하고, 함께 쓰는 물건과 공간을 지향하는 디자인 트렌드가 더욱 뚜렷해졌다.

합판 짜맞춤 기술로 단단하고 가벼운 모듈 가구를 만드는 '도잠(www.dozamm.com)'은 어른과 아이가 함께 쓰는 가구를 지향한다. 아이들에게 접근성이 좋아 아이들의 사용 빈도가 높고, 아이가 자란 후에도 쓰임이 지속되는 가구가 주목받았다. 공간디자인 전문회사 (주)쏘유에서 운영하는 베이비&키즈 리빙 브랜드 '쏘유2(www.soyoo2.com)'는 아이와 부모가 함께 만들어가는 라이프스타일에 부합하는 가구와 침구를 선보였다.

컬러를 믹스 매치한 침구 '콤마씨(comma-c.com)'는 편안하면서도 분위기를 더해주는 컬러로 취향을 반영한 침실 인테리어를 완성시키는 역할을 했다. 빈티지 감성 소품을 모아놓은 소품숍 'TVS 더 빌리지샵(thevillageshop.kr)'에는 시간을 초월하는 매력에 아이도 어른도 예외 없이 빠져들었다.

세대공감을 이룬 또 하나의 영역이 패션이다. 부모세대가 어린 시절 경험한 감정과 문화적 요소를 재해석한 옷을 선보이는 '골든조(golden-joe.com)'는 익숙하면서도 새로운 디자인에 아이들의 건강한 성장을 바라는 문구들을 새겨 넣었다. 디자인 문구 브랜드 '하우키즈풀(howkidsful.com)'은 신학기를 맞은 어린이와 함께 문구를 좋아하는 어른들로 문전성시였다. 간결하고 실용적인 디자인, 분명한 색감과 위트가 조화를 이룬 아이템은 세대를 막론하고 통한다는 것을 알 수 있었다.

2025 KID'S LIFESTYLE TREND

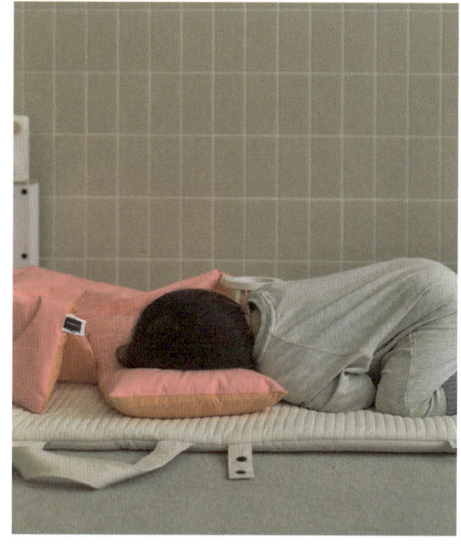

#키즈라운지 #퐁당패밀리
#웰컴 #키즈 #패밀리

어린이와 가족들을 위한 놀이 휴식 공간 '키즈라운지'에 캐릭터 친구들이 등장했다. 제주에서 온 '퐁당패밀리(jejuepongdang.com)'는 제주 해녀, 돌하르방, 한라봉을 모티브로 한 캐릭터 브랜드로, 애니메이션 제작, 문구나 완구, 식품 등 130여 종의 제품을 개발한다. 공항 라운지 콘셉트로 꾸민 키즈라운지를 협업 운영했는데, 어린이와 함께 방문한 가족 참관객의 발길이 이어졌다. 애니메이션을 보면서 쉬거나, 종이접기 체험, 포토존, 굿즈숍을 투어하는 등 여행의 설렘을 만끽하며 에너지를 충전했다.

083

#안전한 #소재
#건강한
#성분 #안심

손에 잡히는 건 입에 넣고 보는 아이들의 본능은 부모의 심장을 떨리게 하는 사건을 종종 만든다. 아이의 안전한 성장과 부모의 마음을 모두 지키려면 안심할 수 있는 성분이 필수다.

누구나 안심하고 쓸 수 있는 건강하고 안전한 성분은 불멸의 키워드가 아닐까. 아이들이 좋아하는 간식부터 뷰티 제품, 세제 등 생활용품까지 영역이 점차 확장될 것으로 보인다.

아이가 사용하는 생활용품의 기준이 점점 까다로워지는 추세다. 생필품 브랜드 '플레인팟(plainpod.com)'은 민감성 케어를 브랜드 가치로 내세운다. 자극이 될 만한 유해성분은 빼고 안전하고 안심할 수 있는 성분으로만 세제를 만들었다. 섬유에 남은 잔여 세제가 피부를 자극하는 일조차 만들지 않겠다는 각오다.

호주에서 온 '잭앤질키즈(jnjkids.co.kr)'는 오직 어린이만을 위한 구강케어 제품을 선보인다. 완제품으로 에코서트 인증을 받은 유일한 어린이 치약을 국내에 론칭했다. 핀란드산 천연 자일리톨을 40% 함유해 불소를 대체하는 한편, 진짜 과일 맛이 나서 아이들에게 맛있고 즐거운 양치 경험을 제공한다.

단맛도 건강을 생각하는 시대에 걸맞게 벌꿀의 활약이 대단하다. '꿀건달(smartstore.naver.com/ggulgundal)'은 언제 어디서나 빠르게 당 충전이 가능한 스틱형 꿀, 그릭요거트, 치즈 등 휘리릭 뿌리기 좋은 요리용 꿀, 가볍지만 센스 있는 선물용 꿀, 벌꿀을 듬뿍 올린 '아이스꿀임'까지 무궁무진한 벌꿀의 세계를 펼쳤다.

△ + ■

#어디에든어린이
#무스텔라
#우리들의행복한순간
#그림공모전
#키즈아티스트

2025 KID'S LIFESTYLE TREND

온 가족 프리미엄 스킨케어 브랜드 무스텔라(mustelashop.co.kr)는 자연에서 얻은 재료의 소중함, 온 가족의 건강과 안전 그리고 행복을 브랜드 철학의 중심에 두고 있다. 프랑스의 권위 있는 제약 회사에서 70년 이상 아기 피부를 연구한 끝에 개발했다. 아이와 가족의 안전을 최우선에 두고 까다로운 검사와 제조 과정을 거쳐 일반, 건성, 극건성, 민감성 피부까지 4가지 피부 타입별 제품을 선보였다.

더불어 '어린이의 어린이다운 모습을 존중하고, 어엿한 사회구성원으로 인정하자'는 의미를 담은 '어디에든,어린이' 캠페인의 파트너로서 <우리들의 행복한 순간>展에 함께했다. 아이들이 그린 행복한 순간을 공모해 키즈아티스트 30명을 선정하고 전시했다. 작품 하나하나에 담긴 행복이 관람객에게 '해피 바이러스'를 전파했다. 무스텔라는 '해피모먼트'상을 선정하고, 기획상품을 구성해 한정 판매했다. 수익금 일부는 미혼모 후원 기관에 기부해, 어린이가 참여한 활동이 또 다른 어린이와 가족에게 연결되는 사회적 활동을 이어 나갔다.

어머, 이건 사야 해! 에디터의 지갑을 연 아이템들

가족과 친구에게 선물하려고, 마침 필요한 물건이라서. 쇼핑의 이유는 가지각색이지만, 최선의 소비였다고 자부한다.

 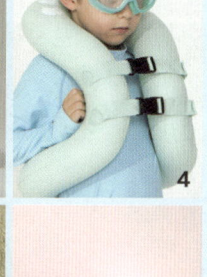 

1 라쿠치
질 좋은 재료를 아낌없이 넣은 쫀쫀한 젤라또. 초코칩이 콕콕 박힌 진한 우유맛의 스트라차텔라가 원픽이다.
smartstore.naver.com/lacucchi_official

2 옐로우삭스
때로는 은밀하게, 때로는 과감하게 개성을 드러내는 다양한 컬러와 패턴 디자인의 패션 양말들.
yellowsocks.kr

3 미야앤솔
감각적인 컬러의 타이벡 소재 데일리백. 무게감이 거의 느껴지지 않아 부모님 선물로도 인기 만점이었다.
www.miyansol.com

4 코코릭
라이프스타일, 워터 스포츠, 윈터 스포츠 등 상황과 기능별 라인업을 갖춘 아동용 고글.
smartstore.naver.com/cocolic

5 위드팀
추우나 더우나 뛰어다니는 아이들이 휴대하기 편하게 개발된 새지 않는 키즈보틀.
smartstore.naver.com/this-is-me

6 이누아
블랭킷 끝에 둥근 인형이 부착된 오가닉 애착인형&블랭킷.
helloinua.com

7 뿌니토
먼지 날림이 거의 없는 소재로 견고하게 만들어진 핸드메이드 인형.
ppunito.co.kr

085

#창의적사고 #예술경험 #스토리텔링 #이야기

아이들은 자신의 취향과 호기심에 따라 놀면서 다양한 경험을 하고, 자신만의 세계관을 구축한다. 자신만의 이야기를 만들고 예술적 경험을 넓히는 놀이 아이템들이 눈에 띄었다. 건축적 사고를 기반으로 어린이를 위한 새로운 놀이를 제시하는 '디어아키텍트(www.instagram.com/roomy__official)'는 자신만의 이야기, 자신만의 공간을 만들어보는 경험을 제안했다. 쌓을 수 있는 낱말카드 속 그림이 AR(증강현실)로 구현되거나, 나만의 공간을 상상하는 재미는 아이뿐 아니라 어른에게도 흥미로운 놀잇감이다. 맘&키즈 스토리텔링 셀렉트숍 '인더스토리(inthestory.co.kr)'는 육아를 즐겁게, 아이들의 생활은 아름답게 해줄 키즈 리빙 디자인 브랜드와 제품을 큐레이션했다. 벨기에 출신의 디자이너가 인도 장인의 블록 프린팅 방식으로 인쇄한 직물로 만든 아이템을 선보이는 '홀리앤러브'를 국내 독점 론칭했다. 더불어 파리지앵 감성 컬러링 'OMY'의 컬러링롤부터 플레이스 매트까지, 친구, 가족과 함께 예술작품을 만들어가는 경험을 공유했다.

Creator Interview
"일상 속 창의력을 예술적 경험으로!"

OMY 공동 창립자
마리 세리즈 Marie-Cerise

파리에서 활동 중인 크리에이티브 듀오 마리 세리즈Marie-Cerise와 엘비르Elvire는 감성 컬러링 브랜드를 시작했다. 맘&키즈 스토리텔링 셀렉트숍 '인더스토리'에서 국내 독점 전개하는 OMY다. 공동 창립자 마리 세리즈를 서울리빙디자인페어에서 만났다.

OMY를 창립하게 된 배경과 주요 가치는 무엇인가요? 그래픽 디자인과 일러스트레이션을 전공한 저희 두 사람은 사람들이 함께, 창의적 경험을 할 수 있으면 좋겠다고 생각했습니다. 예술을 나이와 상관없이 누구나 쉽게 즐기는 활동으로 만들 수 있다는 가능성을 봤죠. OMY는 일상에서 창의적인 활동을 하고, 예술적 경험을 나누는 걸 중요하게 생각해요. 처음 그림을 그리는 아이든, 오랜만에 창의적인 감각을 되찾은 어른이든, 누구나 예술을 통해 즐거움을 느끼도록 돕고 싶어요. 저희 디자인을 통해 즐거움, 놀이 그리고 새로운 발견을 하길 바랍니다.

OMY만의 강점은 무엇인가요? OMY는 단순한 컬러링 브랜드가 아니라 창의적인 경험을 선사하는 크리에이티브 스튜디오입니다. 파리 스튜디오에서 모든 디자인을 직접 하는데요. 일러스트 하나하나, 디테일까지 작업하기 때문에 우리만의 스타일을 한눈에 알아볼 수 있습니다. 유쾌하고 대담한 분위기와 이야기가 담겨 있거든요.

개성 넘치는 제품을 기획할 때 어디에서 영감을 얻나요? 파리의 아름다운 건축물부터 대중문화,

패션, 그리고 일상생활까지 다양한 곳에서 영감을 받습니다. 저희 둘 다 아이를 둔 엄마라 아이들에게 큰 영감을 받거든요. 아이들이 상상하고, 탐색하고, 무언가를 만드는 과정을 관찰하면, 진짜 흥미를 느끼고 즐거워하는 디자인이 무엇인지 자연스럽게 알게 됩니다. 아이들과 함께 보내는 순간에 많은 아이디어가 나오는 것 같아요.

컬러링이 아이들에게 미치는 긍정적인 영향은 무엇인가요? 컬러링은 강력한 창의력 도구입니다. 집중력, 소근육 발달은 물론 상상력까지 키워주니까요. 프랑스에서는 의사나 교육 전문가들이 OMY 제품을 많이 씁니다. 놀이를 넘어서 교육적, 치료적 역할까지 한다는 게 정말 놀라워요. 컬러링 활동이 따뜻한 경험이 되도록 제품을 디자인하는데요. 가족이나 친구끼리 테이블에 둘러앉아 컬러링을 해보세요. 색칠하면서 이야기 나누고, 서로 가까워지는 의미 있는 시간을 보낼 수 있습니다.

도시, 브랜드와 다양한 협업 활동을 하는데, 특히 기억에 남는 사례가 있나요? 지난해 12월, 파리 마레 지구에서 OMY 팝업스토어를 진행했어요. 방문객이 벽에 색칠할 수 있는 몰입형 공간을 마련하고 워크숍을 했는데, 현장에서 느낀 생생한 에너지를 잊을 수가 없어요. 가족, 친구, 지나가던 사람들까지 발걸음을 멈추고 색칠하고 어울리며 무언가를 만들어가는 모습이 정말 마법 같았습니다.

앞으로 나아가고자 하는 방향과 목표는 무엇인가요? OMY의 세계를 종이 너머로 확장하고 싶어요. 다양한 인터랙티브 경험, 협업 프로젝트, 몰입형 설치 작품으로 연결해서 예상치 못한 방식으로 창의력을 자극하고 싶습니다. 가장 큰 목표는 'OMY 랜드'를 만드는 거예요. 모든 연령대가 자유롭게 OMY 세계에 들어와서 색칠하고, 놀고, 소통하는 공간이죠. 상상이 현실이 되고 창의력을 마음껏 펼치는, 누구나 함께 예술의 즐거움을 느끼는 특별한 장소가 되길 바랍니다.

이번 한국 방문에 기대한 부분이 있었나요? 서울의 창의적인 에너지를 직접 느껴보고 싶었습니다. 한국은 디자인 문화가 탄탄하고 감각적이잖아요. OMY 감성과 잘 어울리는 로컬 문구, 라이프스타일 브랜드, 그리고 다양한 아트 컬래버레이션을 발견하는 재미가 대단했습니다. 특히 리테일 공간의 창의성이 인상적이었는데요. 단순히 제품만 판매하는 게 아니라, 독창적인 콘셉트와 경험을 제공하더군요. 브랜드 감성, 공간, 이야기 하나하나가 경험이 되게끔 하는 방향성은 OMY와도 통했습니다. 그리고 한국 뷰티 산업이 대단히 혁신적이라고 생각하는데요. 브랜드의 다양성은 물론이고, 제품에 담긴 높은 연구 수준, 디자인과 스토리텔링을 통해 소비자의 감성을 자극하는 방식이 인상 깊었어요. 아름다움과 창의성이 자연스럽게 하나로 어우러지는 시장이 특별한 경험이었습니다.

한국 소비자에게 전하고 싶은 메시지가 있나요? OMY가 이번 서울리빙디자인페어에 참가하면서 한국을 방문했는데요. 다양한 아이디어와 창의적인 감각이 돋보이는 놀라운 전시더군요. 열정적으로 디자인을 사랑하는 한국 소비자에게 무엇이든 두려워하지 말고 일단 시작해보라고 말하고 싶습니다. 창의력은 누구에게나 열려 있는 것이고 자기 표현에 정답은 없어요. 즐겁게, 자유롭게, 마음껏 색칠하고 상상해보세요.

마음에 이름 붙여주기

첫아이가 세 돌쯤 되었을 때 무슨 일인지
하루 종일 짜증을 부렸다.
"뭐가 속상한지 말로 해! 짜증 내지 말고"라고 했더니,
아이는 "몰라…" 하며 엉엉 울었다.
그제야 알았다. 자기 마음도 모르고,
마음대로 조절도 안 되는 아이에게
마음을 표현하라는 어려운 요구를 입버릇처럼 했다는 것을.

△ + ■

그날의 이야기를 그렸다. 내 딸에게 마음이 세상에
표현되기까지는 단계가 있다는 것을 알려주려고,
그리고 나 역시 부모로서 덜 조바심 내려고.
세상 모든 아이들의 마음이 감정 발달 단계를
한 계단 한 계단을 지나
안전하게 세상에 드러나길 바란다.

정유진

보이지 않는 심리를 보이는 그림으로 드러내고 싶은 아동심리 전문가. '찹쌀떡 선생님'이라는 닉네임으로 육아 상담에 위트를 더한 육아툰을 그린다. 전국 각지에서 사회성, 훈육 등의 주제로 부모 교육 강연을 하고 있다.

브룩 인디핑크컬러 트렁크 톱 3만 9천원, 엔페이퍼. 그린, 브라운 프린트 스커트 스타일리스트 소장품. 후디 핑크 레인코트 24만원, 골든조. 레드 빈지 티 볼캡 가격미정, 우트. 핑크 하이톱 4만5천원, 컨버스.

엠마 애시드 핑크 프린세스 칼라 원피스 8만8천원, 젤리멜로. 로고 볼캡 4만3천원, 젤리멜로. 핑크 로우 톱 3만9천원 컨버스.

이나 자수 디테일의 인디고 데님 원피스 7만7천원, 젤리멜로. 아이보리 캔버스 운동화 4만 5천원, 컨버스. 데님 소재 헤어밴드 스타일리스트소장품.

어린이는 유니콘 같은 판타지의 존재로 미화하지도,
미성숙하다는 이유로 배제해야 할 존재도 아니라는
것을, 있는 그대로 인정하고
동등하게 존중해야 할 존재임을 되새겨보는
페이지가 되길 바란다.

어린이는 부모가, 어른이 키우는 것이 아니라
함께 성장하는 존재임을 믿으며.

어디에든 어린이

「어디에든 어린이Kids Everywhere」는 디자인하우스 맘앤앙팡이 '어린이다움을 인정하자'는 메시지를 담아 전개하는 사회인식 개선 캠페인이다. 어린이의 안전과 행복, 건강을 우선으로 하는 어른, 기업, 지자체와 뜻을 모아 어린이가 공정하게 누려야 할 것들에 대해 함께 고민하고, '어린이 존중'을 주제로 한 다양한 프로젝트를 기획, 협업한다.

1 부가부 드래곤플라이
업계 최초로 특허를 받은 '스탠드-업 폴딩' 기능으로 허리를 굽히지 않고도 유모차를 한 손으로 접고 펼 수 있는 절충형 스트롤러.

2 부가부 동키5
클릭 세 번으로 1인용에서 2인용으로 또는 그 반대로 쉽게 전환되는 프리미엄 쌍둥이 유모차.

3 부가부 폭스 5 리뉴
어떤 지형에서도 부드러운 주행감과 승차감, 쉬운 방향 전환 등으로 잘 알려진 '부가부 폭스'가 업그레이드되어 지난 3월 '부가부 폭스 5 리뉴'로 새로 출시됐다. 부모와 아이의 정서적 교감을 위해 배시넷용 '하이 포지션 어댑터'와 안티 박테리아 기능을 갖추고 화학 물질을 제거한 무염색 매트리스인 '퓨어브리즈™ 매트리스'를 추가했다.

▲ + □

BUGABOO EVERYWHERE

우린 어디서든 달릴 수 있어. 동화 속 동물 나라로, 엄마 아빠의 꿈 속으로
신나는 모험을 떠날 수도 있어.
언제 어디서든 우리를 안전하고 편안하게 지켜주는
다정한 친구, '부가부'와 함께라면!

3

태린 그린 스트라이프 패턴의 루스핏 티셔츠 3만3천원, 메르시유/ 코럴컬러 코튼 풀스커트 6만6천원, 젤리멜로/ 미스터도그 자수 패턴의 데님 볼캡 4만8천원, 젤리멜로/ 바이올렛 컬러 양말 1만2천9백원, 굿마더신드롬/ 스카이블루컬러 벤시몽슈즈 4만1천3백원, 벤시몽

은찬 해바라기 프린트 멜로컬러 티셔츠 4만2천원, 젤리멜로/ 핑크컬러 코튼셔츠 6만2천원, 젤리멜로/ 귀여운 트랙터 프린트가 가득한 옐로컬러 윈드쇼츠 5만5천원, 젤리멜로/ 머스터드컬러 벤시몽슈즈 4만1천3백원 벤시몽

피라미드 형태의 안전한 디자인과 신생아세트, 락커, 베이비세트, 트레이, 체어의 다섯 가지 시트 솔루션을 통해 신생아부터 최대 100kg까지 전 연령이 사용할 수 있는, 프리미엄 하이체어 '부가부 지라프'

태린 아이보리컬러 코튼 페전트 블라우스 5만9천원, 메르시유/ 아이보리 레이스 볼륨쇼츠 5만5천원, 젤리멜로/ 베이지 리넨 소재 재킷 가격미정, 자라키즈/ 소프트 그린컬러 니삭스 2만9백원, 굿마더신드롬/ 베이지 메리제인 스니커즈 가격미정, 우트/ 토끼 헤어오브제 스타일리스트 소장품

▲ + ☐

콤팩트한 디자인으로 기내 선반이나 자동차 트렁크 등에 손쉽게 보관할 수 있어 아이와 함께하는 여행에 제격인 휴대용 스트롤러 '부가부 버터플라이'.

안젤로 크림컬러 리브 보디슈트 3만3천원/ 테디베어후디 테리 재킷 5만9천원/ 클래식한 디자인의 코튼 보닛 1만5천원, 모두 메르시유/ 베이지컬러 벤시몽슈즈 4만1천3백원, 벤시몽

제품협조 굿마더신드롬(goodmothersyndrome.com), 메르시유(www.merciu.co.kr), 벤시몽(www.musinsa.com), 빅토리아(www.victoriashoes.co.kr), 엔페이퍼(enpaper.kr), 우트(1599-2574), 자라키즈(www.zara.com), 초코엘(www.chocoel.co.kr), 젤리멜로(jellymallow.com)

어린이에게

각 분야에서 어린이를 위해 실천하고 행동하는 일곱 명의 어른들에게 '아이들을 위한 세상'에 대해 물었다. 아이들에겐 어른으로서의 '다짐', 어른들에겐 '당부'인 편지 같은 답변을 들어본다.

1 누구이며, 어떤 일을 하고 있나요?

2 나에게 어린이란?

3 어린이에게 만들어주고 싶은 세상은?

4 어린이에게 꼭 해주고 싶은 이야기 한 가지는?

5 어린이에게 평등, 디자인, 속도, 자립, 책, 자유, 말이란?

*1~4번 질문은 모두 동일, 5번 질문은 키워드가 다릅니다.

어린이에게, **평등**
: 나답게 살 수 있도록 도와주는 마음
유지은 어린이 콘텐츠 플랫폼 딱따구리 대표

1_ '우따따'라는 서비스를 만드는 회사 딱따구리의 대표입니다. 딱따구리는 어린이가 서로 다른 모습 그대로 똑같이 소중하며, 따뜻하게 환영받는 세상을 만드는 일을 하고 있어요.
'서로 다른 모습 그대로'란 '다양성'을 말합니다. 다양성이란 우리 모두가 다르게 생각하고, 다르게 느끼고, 다르게 생겼다는 걸 인정하는 거예요. 마치 숲 속에 여러 종류의 나무와 꽃과 동물이 함께 어우러져 살고 있어 아름다운 것처럼, 사람들도 다른 모습과 생각을 가지고 있어야 더 풍요로운 세상이 되거든요.

▲ + □

어린이에게, 디자인
: 나 자신을 이해하고 사랑할 수 있는 마음

이달우 마음스튜디오 대표

'똑같이 소중하다'는 것은 '평등'을 말합니다. 평등이란 모든 사람들이 똑같이 소중하고, 똑같이 존중받아야 한다는 뜻이에요. 키가 크거나 작아도, 달리기를 잘하거나 못해도, 한글을 빨리 배우거나 천천히 배워도 모두가 사랑받을 자격이 있습니다. '따뜻하게 환영받다'는 '포용적인 마음'이에요. 포용적인 마음이란 친구가 나와 달라도 그 친구를 있는 그대로 환영하고 받아들이는 거예요. "너는 우리와 달라서 함께할 수 없어"라고 말하는 대신, "네가 어떤 모습이든 상관없어. 우리는 함께할 때 더 즐거울 거야"라고 말하는 따뜻한 마음이지요.

2, 3_ 비교당하지 않고, 누구도 밀려나지 않고, 누구나 환영받는 존재, 그리고 세상.

4_ 세상에는 '정답'처럼 보이는 말들이 많지만, 딱따구리는 이렇게 말하고 싶어요. "정답보다, 나답게." 누구나 그 자체로 충분히 멋지고 소중하니까요. 우리 모두는 서로의 다른 점을 존중하고 배우면서 함께 성장합니다. 친구가 나와 다르게 생겼거나, 다른 언어를 쓰거나, 다른 방식으로 생각해도 괜찮아요. 오히려 그런 다양성이 우리 세상을 더 풍성하게 해준답니다. 마치 무지개가 다양한 색깔로 이루어져 아름다운 것처럼요.

5_ 평등과 다양성, 포용성은 모든 어린이가 나답게 살 수 있게 도와주는 개념입니다. 어떤 사람들은 "이건 여자애들만 하는 거야" 또는 "저건 남자애들만 하는 거야"라는 말을 하기도 하고, "어린애들은 싫어", "어린애가 뭘 알아!"라고 말하기도 해요. 하지만 딱딱한 나무를 부리로 뚫는 딱따구리처럼 그런 딱딱하게 굳은 생각은 뚫어버려요! 여러분은 무엇이든 될 수 있고, 무엇이든 할 수 있습니다. 마음이 가는 대로 자유롭게 꿈을 키워나가요. 그게 바로 어린이가 할 일입니다.

1_ 세상 사람들에게 즐겁고 따뜻한 이야기를 디자인으로 전하고 싶은 아저씨입니다. 아! 디자인이란 (목적에 맞게) 상상한 것들을 만들어내는 일입니다.

2_ 다람쥐예요. 다람쥐는 기나긴 겨울을 나기 위해 도토리를 땅 이곳저곳에 묻어둡니다. 그런데 대부분 어디에 묻었는지 잊어버리고 마는데 글쎄 이게 씨앗이 되어 나무로 자라난대요. 우리 어린이들도 그런 존재입니다. 밝은 웃음과 행복감으로 자라나는 해가 없는 전도사들이지요.

3_ 나무입니다. 다람쥐(어린이)가 도토리를 묻어두고 잊어버린 곳에 참나무가 자라고, 그런 나무 하나하나가 모이면 울창한 숲이 됩니다. 다람쥐(어린이)를 포함해 모든 동식물이 함께 어우러져 살아가는 환경이 만들어지는 그런 세상을 꿈꿉니다.

4_ "누구보다 소중한 건 바로 너야."

5_ 디자인은 항상 사람을 먼저 생각합니다. 누가 사용할 것이고 그걸 느끼는 감정은 어때야 하며, 이것으로 더 올바르고 나은 하루를 살아갈 수 있을지 말입니다. 그래서 디자인은 상상하는 것들을 만들어낼 때 그에 따른 이유와 이야기가 있어야 하고, 사람들을 탐구하고 이해하려는 마음이 제일 중요합니다. 남을 이해하다 보면 결국 '나' 자신을 이해하고 사랑하는 법을 알게 돼요. 어린이들이 자신의 하루하루를 디자인하며 살아갔으면 좋겠습니다.

어린이에게, 속도
: 경험을 통해 내가 결정하는 것

구자영 어린이 책방 운영, 1인 출판사 <후추공작소> 대표

1_ 20년간 어린이 책방을 운영하면서 어린이들이 독서를 즐기는 사람이 되는 방법을 매일 연구해요. 그러다 보니 책 읽는 어린이들 모습을 가까이서 세심이 관찰하게 되었죠. 기록을 좋아해서 이 모든 것을 글로 쓰는 사람으로 살고 있으며, 1인 출판사 <후추공작소>를 운영하며 계간 에세이 『PEPPER』를 발행하고 있습니다.

2_ 누군가에 의해 평가되거나 차별받거나 강요당하지 않도록 철저히 보호되어야 하는 존재.

3_ 어른들이 만들어놓은 틀 안에서 쳇바퀴 돌 듯 생활하는 어린이들의 하루하루를 지켜보며 생각합니다. '어린이들의 진짜 생각은 다 어디에 숨어 있을까?' 어린이의 말에 마음을 다해 귀 기울이는 세상, 어린이 각자의 개성이 존중받는 세상을 만들어주고 싶어요. 우선 각자의 가정에서 어린이를 존중하는 문화를 만들어가야겠죠.

4_ 거절할 줄 아는 어린이가 되세요. 어른에게 어른만의 의견이 있는 것처럼 어린이 여러분도 각자 자신의 의견을 가지고 있습니다. 어른의 말이라고 해서 무조건 다 옳은 것은 아니에요. 자신이 생각하기에 부당하거나 이해하기 어려운 것을 강요당하면 그 이유를 곰곰이 생각하고 정리한 후 바르게 말하는 연습을 하세요. 누군가 너에게 도움이 되는 일이니 어려워도 참고 견디라고 하면 그것이 현재 나에게 왜 맞지 않는지 말할 줄 알아야 합니다. 그런 연습을 해야 자신이 하고 싶은 것이 무엇인지 차츰 알게 되고, 자신에게 가장 알맞은 하루하루를 살게 됩니다.

5_ 그림책을 읽다 책 속에서 뜻을 모르는 단어를 만나도 단어의 앞뒤 문장과 함께 그림을 보며 그 뜻을 스스로 유추한 경험이 있죠? 자신이 감당할 만한 수준의 책을 만났기 때문입니다. 누군가 지금은 그런 시시한 그림책이나 볼 때가 아니라며 조금 더 높은 단계의 책을 읽으라고 강요하면 과연 어떤 일이 벌어질까요? 페이지마다 만나게 되는 열 개, 스무 개의 의미를 알 수 없는 단어들을 연구하며 그 책을 끝까지 읽을까요? 과연 책을 읽는 과정 내내 독서의 즐거움을 느낄 수 있을까요? 다음 날도 그다음 날도 이런 식으로 독서를 이어갈 수 있을까요? 삶의 속도는 자기 자신이 결정할 문제입니다. 숨이 차서 더 이상 달릴 수 없을 것 같은 순간, 리듬이 흐트러져 넘어질 것 같은 지점은 자신만이 알 수 있습니다. 누군가 미리 알아차리고 위험을 말해줄 수는 없어요. 타인이 정해놓은 속도가 아닌 내 자신의 속도를 찾아 삶의 트랙을 달리길 바라요.

어린이에게, 자립
: 잘살고 싶은 마음을 심어주는 것

허진이 『비밀에 기대어』 저자

1_ 아내이자 엄마이고, 자립준비청년으로서 경험을 담아 최근 『비밀에 기대어』라는 책을 썼습니다. 자립준비청년이란 아동양육시설에서 보호를 받던 아동이 만18세가 되면 사회로 나와 자립해야 하는 청년을 말해요. 책에는 보육원에서 지낸 유년 시절부터 부모가 된 지금까지 나의 수많은 정체성을 온전히 마주하는 과정과 현재의 이야기를 담았습니다.

2_ '귀여움이 세상을 구한다'라는 말이 있잖아요. 저는 어린이들이 귀여워서 어쩔 줄 모르겠어요. 꼭 안아주고 싶고, 뭐든 해주고 싶고, 어린이들로 인해 세상이 아름다워 보이기까지 합니다. 어린이는 나를 선하게 만들어주는 존재예요. 내 안의 선함을 티끌까지 모아 행동하게 하고, 그러다 보면 꽤 좋은 어른인 것처럼 느끼게 되기도 합니다. 어린이에게 무해하고 올바른 것을 가르쳐주고, 이미 어른이지만 꾸준히 성장하고픈 욕심과 이유를 주는 존재입니다.

3_ 어른들은 아이가 빨리빨리 자라기를 바라는 것 같아요. 훌쩍 커버린 아이 사진을 보며 '천천히 컸으면 좋겠다'고 말하는 것과는 모순된 행동이잖아요. 빨리 걸었으면, 빨리 말했으면, 빨리 글을 뗐으면, 빨리 스스로 해냈으면… 저도 그런 마음이 들 때가 있습니다. 하지만 그럴수록 '어린이다움'을 누리는 시간이 줄어요. '어린이니까 괜찮아'라는 상황과 경험이 적어질 수밖에 없죠. 어린이들이 자신의 속도와 고유성을 가지고 '이래도 저래도 다 괜찮아'라는 말을 들으며 자라는 세상을 만들어주고 싶습니다.

4_ "너는 사랑받기에 충분한 사람이야." 보육원 퇴소 후 자립의 시기에 인연이 되었던 후원자가 해준 말이에요. 책이나 영화에서 많이 본 말인데, 누군가 진심을 담아 말해주니 큰 감동이었죠. 그 한 문장이 내 안에 희망을 키웠습니다. 나와 나의 삶을 소중히 대하게 되었고, 그래서 딸에게 매일 말합니다. "소이는 특별해", "소중한 사람이야", "사랑받기 위해 태어났어", "너무 사랑해"라고요. 모든 어린이는 그 자체로 사랑받기에 충분한 존재라는 걸 말해주고 싶습니다.

5_ 보육원을 나와 독립하던 시기, 모든 것이 낯설고, 정말 많은 시행착오를 겪었습니다. 그런데 자립할 때 정말 중요한 건 '잘살고 싶은 마음'이라는 걸 깨달았어요. 누군가와 잘 지내고 싶고, 성장을 꿈꾸고, 재미있게 살고 싶은 마음만 있으면 서툴고 잘 모르는 것들은 금방 해결할 수 있습니다. 살아가는 것의 아름다움, 재미, 감동을 많이 느끼게 해주고, 그런 감정과 경험들을 마음 깊이 새기는 게 중요해요. 먼 훗날 주저앉고 싶거나 삶을 포기하고 싶을 때 어린이들을 일으키고 나아가게 하는 힘이라 믿어요.

어린이에게, 책
: 나를 어디에든 데려다주는 마법

황정혜 후즈갓마이테일 대표

1_ 그림책을 만드는 사람입니다. '세상은 궁금한 것으로 가득 차 있어'라고 말해주는 책을 만들어요. 운영 중인 출판사 이름에도 '내 꼬리는 누가 가져갔지?'라는 궁금증을 담았죠. 최근에는 뉴욕, 파리, 바르셀로나 등 도시의 특별한 장소들을 탐험하는 그림책 시리즈를 기획하고 있습니다.

2_ 어린이는 가장 솔직한 독자이자 가장 위대한 질문을 던지는 존재입니다. 서툰 언어로도 마음을 표현하고, 진심을 숨기지 않으며, 어른이 쉽게 지나치는 것들을 다시 보게 만들어주니까요.

3_ '궁금해도 괜찮고, 느려도 괜찮고, 달라서 더 좋다'고 말해주는 세상을 꿈꿉니다. 정답보다 질문이 존중받고, 누구나 자신의 속도로 생각하고 느끼며 표현할 수 있는 세상이면 좋겠어요.

4_ 세상 일은 '꼭 해야 하는 일'보다 '이렇게도, 저렇게도 해볼 수 있는 일'이 더 많아요. 어른도 늘 완벽하지 않으니, 실수해도 괜찮아요. 다르다는 건 틀린 게 아니에요. 오히려 어린이만이 가진 특별한 힘일 수 있습니다.

5_ 책은 나를 어디에든 데려다 줄 수 있는 마법 같은 존재입니다. 책을 읽는다는 건 누군가의 이야기를 듣는 일이고, 나만의 이야기, 나만의 세상을 키우는 일이기도 하거든요. 때로는 친구가 되고, 때로는 나를 지켜주는 비밀장소가 되기도 합니다. 나의 세계를 채우는 책을 만나고, 또 오래 기억되는 책을 발견하길 바랍니다.

어린이에게, 자유

: 모든 어린이에게 주어야 하고, 모든 어린이가 누려야 할 것

권순영 집회 키즈버스 운영자

1_ 20개월 된 늦둥이 딸아이를 키우는 엄마입니다. 홍보물을 만드는 일을 하고 있어요. 지난겨울, 집회에서 어린아이들이 머물 수 있는 키즈버스를 운영했습니다.

2_ 지우와 처음 지하철을 탄 날, 환승 구간에서 당연하게 있을 거라 생각한 엘리베이터를 찾을 수 없었어요. 결국 공익복무요원의 도움으로 아이와 유모차는 계단 위로 올라올 수 있었죠. '그럼 휠체어 타시는 분들은 어떻게 이동하지?', '접기 어려운 유아차는 어떻게 들고 가지?', '에스컬레이터 이용도 위험할 수 있는 아이들은 어떡하지?' 머릿속에서 질문들이 꼬리에 꼬리를 물더라고요. 그 후 장애인 단체가 지하철에서 시위하는 것을 유심히 보게 되었습니다. 전에는 생존권 보장 집회 때문에 지하철이 연착되는 것에 야속한 마음이 들기도 했는데 그들이 없었더라면 지금 우리가 다닐 곳이 더 한정되었겠구나 생각했죠. 아이를 키운다는 것은 어른의 세상도 넓어지는 것입니다. 아이는 어른의 선생님입니다. 어른을 배우게 하고, 자라게 해주거든요.

3_ 혐오가 없는 세상. 여성과 장애인, 노인과 어린이들에 대한 혐오가 조장되고 있는 세상이잖아요. 의도하건 의도하지 않건 무시와 혐오가 삶에 스며들어 우리의 시선과 행동에서 그리고 심하면 범죄로까지 이어지기도 하죠. 평생 아이를 지켜줄 수도 없는데 이 걱정과 불안을 계속 안고 살아야 하나 생각하면 숨이 콱 막혀요. 오늘의 혐오와 불편함을 어른들이 바꿔줘야 한다고 생각해요. 더 나은 세상을 위해 무언가 바꾸기 위한 행동은 옳은 것이고, 그것이 오늘을 만들었다고 이야기해주고 싶어요.

4_ 건강하게만 자라다오. 정말 이 생각만 가득해요. 몸과 마음이 건강한 아이로 자라는 것이 생각보다 어려운 일이잖아요. 그저 건강하게만 자라면 어린이들은 제 할 일을 다 하고 있는 거예요.

5_ 계엄령이 발표되고 아이들이 공포와 억압, 불안 속에서 어린시절을 보내야 한다고 생각하니 화가 나고 억울했어요. 모든 자유가 박탈당할 수 있는 상황에 내 아이의 자유만 지킬 수 있는 건 말이 안되잖아요. '행동하지 않으면 내일 무슨 일이 벌어질지 모른다'는 생각은 16개월된 지우를 데리고 추운 겨울날 여의도로 향할 수 있던 동력이었고, '키즈버스'를 생각해낸 배경이었죠. '지우가 목이 마르지 않을까? 그럼 다른 아이들도 목이 마르겠구나', '지우가 배가 고프지 않을까? 그럼 다른 아이들도 배고프겠구나', '지우가 심심할까? 그럼 다른 아이들도 심심하겠지' 생각했어요. 많은 부모들이 동참했고, 자연스레 후원물품이 쌓이고 키즈플레이리스트가 만들어졌죠. '내 아이만 잘 자라면 되지'가 아닌 모든 어린이가 자유롭고 건강하게 자랄 수 있는 안전한 사회를 만드는 것이 어른들의 할 일이죠.

어린이에게, 말
: 마음을 내비치는 창문

윤여진 『그때 아이에게 들려줘야 할 말』 저자

1_ 부모의 좋은 말과 가족의 따뜻한 관계가 세상을 구한다고 믿는 엄마입니다. 어린이가 건강하게 자라는 토양을 만들기 위해, 엄마들의 마음이 흔들리지 않도록 돕는 콘텐츠를 만들고 교육해요. 소셜미디어에서는 '맘미언니'라는 별명으로 불립니다.

2_ 어린이는 경험하고 배우며 성장하는 우리의 미래입니다. 매일매일 눈부시게 성장하거든요. 아이가 마음껏 성장하기 위해서는 부모도 함께 성장해야 하는데요, 부모가 건네는 말과 깊은 믿음은 아이의 잠재력을 꽃피웁니다.

3_ 부모 세대는 '그만 울어!', '뚝 그쳐!' 라는 말을 듣고 자랐지만 어린이에게는 '울어도 괜찮아' 라고 말해주면 좋겠어요. 어린이들이 자신의 모든 감정을 인정하고, 소통하고, 조절하는 법을 배우며 자라길 바랍니다. 긍정적이고 따뜻한 말을 건네는 세상, '틀림'을 비난하지 않고 '다름'을 포용하는 세상을 만들어주고 싶어요.

4_ 내가 느끼는 모든 감정은 세상과 소통하는 신호입니다. 나쁜 감정도, 좋은 감정도 없고, 어떤 감정이든 온전히 느끼고 표현해도 괜찮아요. 말은 참 신비로워요. 말로 자신의 마음을 마음껏 표현할 수 있다니 정말 멋지잖아요. 인간에게만 주어진 선물이죠. 부모님께, 친구에게, 그리고 나 자신에게 따뜻한 말을 많이 건네면 좋겠습니다.

5_ 말은 아주 강력한 힘을 가지고 있습니다. 나를 지키는 방패가 되기도, 다른 사람을 아프게 하는 칼이 되기도 합니다. 나를 지키면서 따뜻한 관계를 맺으려면 어떻게 말하느냐가 정말 중요해요. 자신의 마음을 씩씩하게 표현할 줄 알고, 다른 사람의 말을 귀담아 들으며, 대화로 마음을 나눌 줄 알아야 해요. 그리고 말은 마음을 내비치는 창문이라는 걸 명심해요. 창문을 열지 않으면 안이 보이지 않죠? 말을 하지 않으면 마음도 잘 보이지 않습니다. "지금은 혼자 있고 싶어", "계속 그렇게 하면 불편해", "속상해서 잠시 시간이 필요해." 마음을 말로 설명하는 건 대단한 용기가 필요하지만, 말로 마음을 표현해야 진짜 마음을 전할 수 있습니다. 이건 어른들도 어려운데, 우리 다 함께 마음을 표현하고, 나를 지키는 하는 연습해볼까요? 조금씩 연습하다 보면 누구보다 단단하고 따뜻하게 자신의 마음을 지킬 수 있는 사람이 되어 있을 거예요.

INTERVIEW

진짜 어린이책을 탐험하는 어른들을 위한 안내서

김유진 아동문학 평론가

어린이는 내 안에도 있고, 내 옆에도 있다. 동화에도, 동시에도 완전하지 않은 채로 완벽하게 존재한다. 현실에서는 소수자이지만, 아동문학에서는 모두 주인공이다. 자유롭게 모험을 떠나고, 어른들의 일방적인 억압에 맞서며, 희망을 찾아 주체적으로 세상을 탐험한다. 25년간 어린이와 어린이책을 연구해온 김유진 작가와 함께 어린이들이 꿈꾸는 구체적인 세계로 떠나보자.

▲ + □

"어린이가 원하는 진짜 어른은
자신이 보지 못하는 것을 어린이가 볼 수 있다고 믿고,
자신이 느끼지 못하는 것을 어린이가 느낄 수 있다고
인정하는 사람이 아닐까요?"

김유진

아동문학 평론가, 동시인. 평론집 『언젠가는 어린이가 되겠지』, 동시집 『나는 보라』 『뽀뽀의 힘』, 청소년 시집 『그때부터 사랑』, 어린이책 평론집 『구체적인 어린이』 등을 펴내며 어른과 어린이의 세계를 이어주고 있다.

내 안의 어린이 내 옆의 어린이들…

 아동문학의 판타지는 낭만 넘치는 상상이나 허무맹랑한 공상이 아니다. 어른이 규제한 현실 세계의 시공간을 뛰어넘으려는 어린이의 욕망이고 의지다. 어린이가 새로운 세계를 기획하고 실행하며 자신의 현실을 전복하는 행위다.

『구체적인 어린이』(민음사) 중에서

▲ + □

"어른들은 자신의 환경을 바꿀 수 있고, 아이들은 그럴 수 없다. 아이들은 무력하며 곤경에 처했을 때 그들을 둘러싼 모든 슬픔과 불운, 분노의 제물이 된다. 그런 것을 전부 느끼면서도 어른들처럼 그것들을 바꿀 능력이 없기 때문이다. 아이들이 그런 상황에서 벗어날 수 있도록 해주는 건 하나의 위안, 하나의 축복이다. 나는 그런 축복 두 가지를 신속히 찾아냈다. 자연계 그리고 글의 세계인 문학. 이 둘은 내가 고난의 장소에서 벗어날 수 있게 해주는 문이 되었다."

미국 시인, 메리 제인 올리버 Mary Jane Oliver

"어린이는 부모에게 사랑받기를, 부모를 사랑하기를 결코 포기하지 않아요."

어린이책에는 수많은 주인공 어린이가 있어요. 작가님이 가장 사랑하는 어린이는 누구인가요?

『그리운 메이 아줌마』(신시아 라일런트, 사계절)라는 동화책에 등장하는 여섯 살 고아 소녀 '서머'를 좋아합니다. 부모님이 돌아가시고 친척집을 전전하던 서머는 우연히 메이 아줌마와 오버 아저씨라는 노부부에게 입양이 돼요. 사실 다들 서머를 돌보려 하지 않아서 데려간 거죠. 그들도 형편이 넉넉하지 않지만 사랑으로 돌봐주는데, 서머가 열두 살이 되던 해 메이 아줌마가 세상을 떠나고 말아요. 좋아하던 메이 아줌마와의 이별이 슬퍼서, 다시 버림받을까 두려워 큰 슬픔에 빠지지만, 결국 오버 아저씨와 둘이서 잘 지낼 거라고 생각합니다. 제가 서머를 좋아하는 이유는, 이 아이가 사랑을 믿어요. 노부부를 처음 만났을 때도 "나는 이들이 사랑한다는 걸 안다, 엄마가 돌아가시기 전에 넉넉한 사랑을 주었기 때문에 내가 다시 사랑을 보거나 느낄 때 그것이 바로 사랑인줄 안다"라고 말하죠. 현실에서도 돌봄이나 사랑이 많이 주어지지 않는 어린이들이 많은데, 그럼에도 서머는 어른을 믿고 사랑을 믿는 그 마음이 슬프면서도 큰 울림을 줍니다.

책의 등장하는 서머와 같은 어린이들은 현실에서 어린이들에게 어떤 영향을 주나요.

어린이책 속 어린이들이 현실 세상을 바꾸기도 합니다. 『내 이름은 삐삐 롱스타킹』(아스트리드 린드그렌, 시공주니어)은 1945년 작품이고, 『마틸다』(로알드 달, 시공주니어)는 1988년에 출간됐어요. 부모 없이 세상의 규약에서 벗어나 씩씩하고 유쾌하게 살아가는 삐삐, 자신을 방임하고 학대하는 부모와 절연해버리는 마틸다는 주체적이고 혁명적인 캐릭터예요. 특히 어린이들을 때리면서 키우는 게 당연하던 시대에 등장한 삐삐는 엄청난 사회적 반향을 불러일으킵니다. 삐삐를 만든 아스트리드 린드그렌 아동문학가가 체벌 금지에 대한 목소리를 낸 것이 아동체벌금지법 제정으로 이어졌고요. 어린이의 감정과 욕망을 담고, 어린이를 최우선으로 둔 이 작품을 통해 현대 아동문학이 태동했습니다. 아동문학의 발전과 함께 실재하는 어린이의 삶도 조금씩 더 나은 방향으로 개선돼온 거죠.

INTERVIEW

"아동문학의 본질은 '중꺾마' 정신이죠."

작가님이 어린이책에 매혹되는 기준이 궁금해요.

아동문학은 굉장히 독특한 이중 독자 문학이에요. 1차 독자는 어린이지만, 2차 독자는 어른이기 때문에 텍스트가 양가적이에요. 마치 겹겹이 쌓인 지층처럼, 텍스트의 표층은 어린이가 이해할 수 있을 정도로 간결하지만, 심층을 들여다보면 다채로운 해석이 가능하지요. 일반 어른 문학이 슬픔만을 이야기할 때도 아동문학은 『그리운 메이 아줌마』처럼 슬픔을 넘어 긍정과 희망을 결코 포기하지 않아요. 그런 특징이 잘 살아 있는 어린이책을 좋아합니다. 부정을 넘어선 긍정, 절망을 딛고 일어선 희망에서 어른 독자인 저도 많은 용기를 얻어요.

어린이책에서 가장 좋아하는 문장은 무엇인가요?

"왜 나는 아니야?"라는 문장이에요. 유아들이 그림책에서 읽기책으로 넘어갈 때 첫 입문책으로 좋은 『꼬마 너구리 요요』(이반디, 창비) 동화집에 수록된 '내가 더 잘할게' 편의 이야기예요. 요요는 길을 잃고 자기 집에 온 아기 늑대 후우를 좋아합니다. 동생으로 삼고 잘해주고 싶어서 갖은 애를 쓰지만 후우는 요요를 좋아하지 않고, 요요의 친구인 곰 포실이를 좋아하지요. 속상해 하던 요요가 "왜 나는 아니야?"라며 울음을 터트려요. 어른들도 나를 좋아하지 않는 사람 때문에 절망하기도 하고, 세상이 나에게만 불공정하다고 느낄 때가 있잖아요. 그런데 요요는 엄마가 끓여준 감자 수프를 먹고 나서 눈물을 그칩니다. "그건 후우의 마음"이라는 답을 찾았거든요. 슬픔은 여전하지만 이제는 후우가 밉지 않아요. "시간이 지나면 울음은 잦아드는 법이고, 그건 요요도 마찬가지"이기 때문입니다. 어린이들도 어른들과 똑같은 감정을 느끼며 살아간다는 사실을 깨닫게 해주는 문장이에요.

실제로 아이에게 어린이책을 읽어주다가 부모들이 큰 감동을 받기도 합니다.

아마도 어린이책에서 희망을 얻었기 때문 아닐까요? 저는 어린이 문학이 희망의 문학이라고 생각합니다. 어른의 문학은 희망을 이야기하는 게 문학적이지 않다고 생각할 수도 있지만, 어린이 문학은 끝까지 희망을 잃지 않아요. 중요한 것은 꺾이지 않는 마음이라는 '중꺾마' 정신이 어린이 문학의 핵심인 거죠. 어린이가 이해할 수 있는 간결한 텍스트로 희망과 진실을 말하는 점도 매력적이에요. 다만 어른들이 어린이책을 읽으며 자신의 힐링에만 몰입하면 아동문학에서 어린이가 소외될 수 있다는 생각이 들기도 합니다. 현실의 어린이들을 일깨우는 것이 아동문학의 진정한 가치인 것 같아요.

이제 막 부모가 된 이들에게 어린이책 고르는 방법을 알려주세요.

우리나라 어린이책 작가들은 이미 세계적인 수준입니다. 아동문학계의 노벨 문학상이라고 하는 상들을 우리나라 작가들이 다수 받았으니까요. 동시도 훌륭하죠. 외국에는 동시라는 장르가 없습니다. 우리나라만의 특별한 어린이 문학이죠. 그런데 아동문학을 읽지 않고 자란 세대가 점점 늘고 있어서 아동문학의 즐거움을 모르는 부모들이 적지 않아요. 부모들이 어린이책을 고를 때 어떤 기능성이나 학습적인 요소를 기준으로 삼는 경우가 많은데요, 사실 어린이책이 당장은 쓸모가 없을 수도 있지만, 쓸모 없을 수 있다고 생각하고 경험할 때 오히려 쓸모 있을 거라고 말씀드리고 싶어요.

▲ + □

"어린이는 귀엽지만, 귀엽지 않아도 어린이입니다."

―― **25년 넘게 어린이와 어린이 문학을 연구해오셨는데요. 우리가 어린이에 관해 모르는 점, 잘못 알고 있는 것은 무엇인가요?**

사실 저도 어린이를 잘 몰라요. 우리가 '어린이는 어떤 존재다'라고 이야기하는 것들이 있는데, 오히려 그것이 오해나 편견일 수도 있습니다. 어른들이 저마다 다 다르듯, 어린이들도 다 달라요. 어린이라는 존재를 보편적으로 보지 말고, 구체적으로 봐야 하는 거죠. 아동문학에서는 어린이라는 다양한 존재를 함부로 규정하지 말자고 계속 이야기해왔어요. 아동문학 작가들이 어린이 캐릭터를 만들 때 이 캐릭터가 실제 어린이와 비슷한지, 상상 속의 어린이인지 계속 성찰합니다. 그런 고민이 아동문학 속 어린이의 모습을 다채롭게 만든 것 같아요.

―― **어른들이 지켜주어야 할 것은 무엇인가요?**

저는 어린이들이 굉장히 윤리적이라고 생각합니다. 아이들은 선한 마음으로, 올바르다고 생각하는 것을 지키기 위해서 끝까지 애쓰는 용기를 갖고 있어요. 이런 마음을 어른들이 지켜주면 좋겠어요. 현실을 냉소하거나 비관하고 싶을 때 우리도 어린이를 보며 윤리를 지켜나갈 수 있잖아요. 얼마 전 저출산 문제를 다룬 다큐멘터리에서 한 어린이가 "자식 키우면 돈만 많이 들고 힘들다"라고 인터뷰하는 것을 보았어요. 어린이들이 자신을 그런 존재로 인식한다는 사실이 마음 아팠습니다. 실제로 요즘 어린이들과 청소년들은 빨리 어른이 되고 싶어 하지 않아요. 어른이 되면 돈 버느라 힘들고 피곤하기만 하다고, 미래가 희망적이지 않다고 생각하는 거죠. 어른들이 어린이들에게 잘못된 사인을 주고 있는 건 아닌지 돌아봐야 합니다. 어린이가 나도 빨리 어른이 되고 싶다, 이 사회의 일원이 되고 싶다고 느끼는 사회를 만들면 좋겠어요.

―― **어린이책 평론집 『구체적인 어린이』에서 "어린이 문학을 읽는 시간에 내 안의 어린이와 내 옆의 어린이를 동시에 만난다"라고 했습니다. 우리가 '내 안의 어린이'와 '내 옆의 어린이'를 기억해야 하는 이유는 무엇인가요?**

어른 독자들의 내면에도 어린이가 살고 있고, 우리 주변에도 어린이들이 실재하고 있습니다. 어른 독자가 내 안의 어린이를 이해하면, 내 옆의 어린이를 더 잘 이해할 수 있고 공감할 수 있는 소통 창구가 되는 것 같아요. 현실의 어린이들이 공주, 왕자로 살아가는 것처럼 보이지만 사실 어린이는 '소수자'들입니다. 어른들이 만든 규칙 속에서 돌봄과 통제를 받는 권력이 없는 존재들이죠. 우리가 어린이를 소수자로 바라볼 때 기후 위기 시대의 동물들이나, 장애인들까지 시선이 넓어질 수 있습니다. 그러면 아이들도 세상의 모든 존재는 각자 다양하지만 모두가 연결되어 있다는 사실을 알고, 작고 약한 존재들에게 공감하고 함께 연대하는 어른으로 성장하지 않을까요?

―― **마지막으로 '아이가 자라는 집'에 꼭 있어야 하는 것이 있다면 알려주세요.**

아이가 자라는 집에는 '어른다운 어른'이 필요합니다. 어린이에게 적절한 돌봄을 주고 동등한 인간으로 존중할 수 있는 어른이 있어야 해요. 나의 자녀가 특별해서 동등하게 봐주는 것이 아니라, 세상의 모든 생명은 동등하게 귀하기 때문에 어린이도 귀하게 여기는 어른이 많아지면 좋겠습니다.

INTERVIEW

> 『한밤중 톰의 정원에서』는 말한다. 어린이가 현실의 제약에서 새로운 세계의 틈새를 꿈꾸며 안간힘을 쓸 때 어른이 함께 꿈꾸어야 한다고. 그래야 비로소 녹슨 빗장이 열리고 넓은 정원과 숲을 지나 강이 흐르는 풍경 속에 나란히 설 수 있다고.

"어린이책에는 어른책과는 또 다른
기쁨과 위로가 있어요."

김유진 아동문학 평론가가 추천하는 '어른을 위한 어린이책'

『헨리에타의 첫 겨울』
롭 루이스 | 비룡소

제가 정말 좋아하는 책이에요. 헨리에타는 다람쥐인데, 가을이 오자 겨울잠을 자기 위해 열심히 식량을 모으지요. 그런데 어느 날 친구들이 와서 파티를 하며 식량을 다 먹어버려요. 다시 모으고 나니 이번엔 비가 와서 다 쓸려가버립니다. 어떻게 해야 하나 고민하면서 잠이 들었는데, 아침에 일어나보니 봄이 온 거예요. 이런 일이 헨리에타에게만 일어나는 건 아니라는 생각이 듭니다. 아동문학은 희망의 문학이라고 이야기했는데, 이 책 속의 희망은 가짜 희망이 아니라 누구나 경험할 수 있는 진짜 희망이어서 더 공감하게 됩니다.

『4×4의 세계』
조우리 | 창비

최근에 읽은 책인데 정말 좋습니다. 학교에 가지 못하고 어린이 병동에서 살아가고 있는 어린이 환자 2명이 만나서 시작되는 이야기입니다. 어린이라고 하면 즐겁게 뛰어노는 모습을 떠올리지만, 현실에서는 장기간 병동에서 생활하고 있는 어린이 환자들도 많아요. 그 아이들을 주인공으로 삼고, 절망 속에서도 희망을 찾아내는 내용이 좋아서 추천합니다.

『살아 있는 모든 것들』
신시아 라일런트 | 문학과지성사

짧은 동화 12편이 담겨 있는 동화책이에요. 외로운 인간이 동물을 만나서 어떻게 변하고 새로워지는지를 보여줍니다. 동물과 인간은 동등한 존재로서 함께 이 세상을 살아가고 있다는 것을 깨닫게 해주는데요, 날을 세워서 주장하지 않아도 좋은 문학은 그런 메시지를 잘 담고 있습니다. 어른을 위한 단 한 권의 책을 고른다면 이 책을 추천합니다

▲+□

> 정원에서 만난 마지막 날 톰과 해티가
> 얼어붙은 강에 달빛이 비칠 때까지 온종일
> 스케이트를 타는 아름다운 장면이 말하듯
> 그 세계의 문을 함께 여는 건 어른에게
> 주어진 황홀한 초대다.
> 내 옆의 어린이가 내 안의 어린이를 잊지 않는
> 어른에게 주는 특별한 선물이다.

『구체적인 어린이』(민음사) 중에서

SPACE + GOODS

나의 파랑은 티라노사우루스
임도현(만 3세)
"나는 티라노사우루스가 생각나요.
파란색도 좋아하고, 티라노사우르스도
좋아하기 때문이에요."

다양한 공룡 그래픽을 활용해 키치한 느낌을
살리고 후드에 투명 PVC를 활용하여 시야를
확보하기 좋은 디자인의 멀티공룡레인코트.
12만9천원, 블루독.

MY BLUE IS…

매일매일 상상하고, 엉뚱한 질문이나
꼬리에 꼬리를 무는 질문도
눈을 반짝거리며 환영하는 어린이들.
순수하고 맑은 어린이는 '파랑'을 꼭 닮았다.
어린이들에게 물었다. 너에게 파랑이란?

모델 이하루 사진 제이쿱마이어스 진행 박선영 기자 장소협찬 쥬쥬 아뜰리에 광곶점 제품협찬 블루독&블루독베이비

▲ + □

(나의 파랑은 믿어핑 **이하루**(만 4세)
믿어핑은 하늘색이고,
나는 티니핑이 정말정말 좋아요.)

나의 파랑은 젤리빈 **조이수**(만 3세)
"우리 할머니집 강아지 젤리빈은 하얗고 폭신폭신해서 파란 하늘에 떠있는 구름 같아요. 젤리빈을 보면 파란 하늘이 떠올라요."

블루독베이비의 친근한 강아지 심벌로 탄생한 아이보리 컬러 버디도기애착인형. **7만9천원, 블루독베이비.**

나의 파랑은 하늘 **백새봄**(만 7세)
"바깥에 나가 파란 하늘을 바라보면 저절로 기분이 좋아져요."

블루독베이비의 시그너처인 구름도기와 하트를 활용한 패턴의 점퍼로 메시 안감 컬러 배색이 포인트인 도기 윈드브레이크 점퍼. **13만9천원, 블루독베이비.**

구름도기와 하트 패턴 캠프캡으로 구겨질 걱정 없이 활용도 높은 도기 올오버 캠프캡. **5만5천원, 블루독베이비.**

(나의 파랑은 나비 **강이수**(만 4세)
모르포나비는 파란색인데
정말 아름답고 예뻐요.)

나의 파랑은 아빠 채지유(만 5세)
"파란색은 우리 아빠가 가장 좋아하는
색깔이에요. 나에게 파랑은 우리 아빠."

시원하고 착용감 좋은 코튼 소재 셔츠로 포켓과
라인 자수가 포인트인 아웃포켓 썸머 셔츠.
12만9천원, 블루독.

강아지 로고가 들어간 베이직 볼캡.
5만5천원, 블루독.

(**나의 파랑은 물병 이유준**(만 6세)
내 물병은 파란색이에요. 물병만 봐도
시원하고 기분이 좋아요.)

나의 파랑은 테디베어 홍다윤(만 7세)
"테디베어는 다양한 컬러가 있지만
내 동생 연우의 애착인형 테디베어는
사랑스러운 하늘색이에요."

차가운 촉감이 느껴지는 에어리 쭈리 스판 소재로
편안하고 활동성 좋은 디자인의 블루독 반소매
스웨트셔츠B. **5만2천원, 블루독베이비.**

▲ + □

(**나의 파랑은 물조리개 박시하**(만 8세)
엄마가 파란 물조리개로 꽃에 물을 주면 나뭇잎이 파릇파릇 살아나요. 나는 파랑을 생각하면 그 모습이 가장 먼저 떠올라요.)

나의 파랑은 시원한 바다
이하임(만 7세)
"하늘빛 같은 푸른 바다는 보기만 해도 시원해요."
심플한 디자인의 상하의 래시가드와 자외선 차단 플랩캡이 포함된 에센셜립수영복 세트.
12만9천원, 블루독.

나의 파랑은 슬픔 장민하(만 5세)
눈물은 파란색이에요.
영화 <인사이드아웃>에서
'슬픔이'가 파란색이라 울 때마다
파란색이 떠올라요.

나의 파랑은 바람 강이준(만 4세)
"바람이 불면 시원하고 날아갈 것 같아요.
파란색은 꼭 그런 느낌이 들어요."
간절기나 냉방 중인 실내에서 활용도 높은 시원한
조직감의 코튼스판 소재 시어서커 스트라이프
점퍼. **15만9천원, 블루독.**

나의 파랑은 경찰차와 기차 김현(만 7세)
경찰차와 기차를 좋아하는데요,
파란 줄무늬가 들어가서인지 파란색을 보면
기분이 상쾌해요.

나의 파랑은 배 허유온(만 4세)
"파란 바다에 둥둥 떠가는 배가 생각나요."
청량한 블루컬러에 친근한 강아지 심벌을 활용한
도기 클로그 샌들. **4만9천원, 블루독베이비.**

나의 파랑은 물 김시유(만 5세)
"무더운 날, 땀이 흐르면 파랗고 시원한
물이 반갑고, 고마워요."
파랗고 귀여운 고래 프린트의 올인원 스윔수트와
자외선을 차단해주는 플랩캡이 포함된 래시가드
세트 고래 올인원 수영복. **9만5천원, 블루독베이비.**

모든 어린이가 아티스트가 되는 공간, 쥬트 아뜰리에

쥬트 아뜰리에는 프랑스 국립학교 아트 클래스로 패브릭과 다양한 미술 기법을 활용해 아이들의 창의력과 표현력 성장을 돕는 프랑스 미술교육 프로그램을 선보인다. '아이의 창의력은 경험을 통해 완성된다'는 철학으로 쥬트의 아트 클래스는 아이들에게 다양한 경험과 자극을 제공한다. 결과보다는 과정 중심 활동으로 창의력과 융합적 사고력을 기를 수 있으며, 아이들은 창의력, 표현력을 키우며, 인성, 자존감도 함께 성장한다.

● **CREATIVITY** 창의력
쥬트의 새로운 재료와 테마의 접근방식이 창의력 성장을 돕는다.

● **EXPRESSION** 표현력
클래스 활동을 통해 언어적/비언어적 표현 능력을 키운다.

● **PERSONALITY** 인성
사회화 과정에서 대인관계를 원만히 형성할 수 있게 한다.

● **SELF-RESPECT** 자존감
작품을 만들어가는 과정과 결과에 가치와 의미를 부여해 자존감을 키운다.

Info.
쥬트 광교 아뜰리에
Add. 경기 수원시 영통구 광교호수공원로 300 포레나광교 115, 116호
web. zutkorea.com Insta. @zut_gwanggyo

Event.
Blue Artist Everywhere

오는 5월 10일, 쥬트 아뜰리에와 어린이 사회인식개선 캠페인 '어디에든,어린이', (주)서양네트웍스의 키즈 패션 브랜드 '블루독&블루독베이비'가 함께하는 아트 클래스가 열립니다. 클래스와 함께 작은 이벤트가 열리는 쥬트 광교 아뜰리에에서 Blue Artist가 되어보세요.
일시 5월 10일(토) 오전 11시~오후 5시 30분

PROJECT

사진 및 자료 어디에든,어린이 정리 박선영 기자

어디에든, 어린이와 함께한 시간들

'어디에든,어린이' 캠페인은 2024년 2월 시작되었다. 그 후 1년간 기업, 기관, 어린이들과 함께
'있는 그대로', '자연은 어디에나', '모든 어린이는 예술가'와 같은 메시지를 던지며 다양한 활동을 전개했다.
어린이들의 행복을 위해 뜻을 모으고, 의미 있는 프로젝트에 함께한 이들의 따뜻한 시선과 말들.

#있는그대로

'어디에든,어린이' 캠페인의 첫 번째 티저 영상은 부가부와 함께했다. 아이와 가족이 장소에 구애받지 않고 행복한 일상을 누릴 수 있도록 육아 솔루션을 제공하는 브랜드 철학에 맞춰 평범하고 자연스러운 일상, 아이들이 있는 그대로 존중받는 일상을 영상화했다.
'어디에든,어린이'의 스팟파트너인 도버빌리지는 다양한 브런치 메뉴와 와인을 즐길 수 있는 레스토랑으로, 어린이 동반 가족도 환영하는 공간으로서 티저 영상의 배경이 되어주었다.

▲ + □

Designed for the future!
부가부 마케팅팀 박상범

부가부는 'Designed for the future'라는 브랜드 철학을 바탕으로, 출산 후에도 아이와 가족이 장소에 구애받지 않고 행복한 일상을 누릴 수 있는 육아 솔루션을 제공하고자 합니다. 이러한 기업 철학이 어린이가 당연히 누려야 할 안전과 행복, 건강한 성장을 우선시하는 '어디에든,어린이' 캠페인과 잘 맞아떨어졌어요. 부가부는 어린이들이 자유롭고 안전하게 성장할 수 있는 환경, 더 나은 미래를 위한 사회적 안전망 구축에 기여하고자 하는 브랜드입니다. 함께한 티저 영상은 '어디에든,어린이' 캠페인 메시지와 부가부의 브랜드 철학이 잘 구현되어 매우 자랑스럽고, 뜻깊은 결과물이었습니다. 앞으로도 부가부는 육아 솔루션 제품 소개와 다양한 사회 활동을 통해 어린이와 가족들이 행복한 일상을 누릴 수 있도록 지속적으로 노력할 것입니다.

언제나 아이와 함께하는 곳
도버빌리지 대표 이혜리

'어디에든,어린이' 티저 영상 촬영 협업은 정말 반가운 제안이었어요. 도버빌리지를 운영하면서 아이와 같이 가도 되는지 문의하는 전화를 종종 받거든요. 저도 사랑스러운 조카가 둘이 있는 이모이고, 저는 물론 도버빌리지를 함께 운영하는 친구도 아이를 좋아하거든요. 조카들이 어릴 때 외출하면 아이가 편안하게 머물 공간이 생각보다 많지 않아서 나중에 어떤 공간을 운영한다면 꼭 아이와 함께할 수 있기를 바랐죠. 마침 캠페인 첫 티저 영상을 제안받아 기꺼이 기쁜 마음으로 참여했습니다.

PROJECT

초록초록한 6월, '어디에든,어린이'는 온 가족 프리미엄 스킨케어 브랜드 무스텔라와 자연을 가까이하는 삶의 소중함을 전하는 어린이 자연교육 기관 나무다가 함께 '자연은 어디에나'라는 메시지를 주제로 숲 클래스를 진행했다.
스팟파트너인 나무다 플래닛은 도심 속 아이들을 서리풀공원으로 초대해 자연을 느끼고, 소중한 자연물을 체험하는 야외 활동과 더불어 무스텔라 스킨케어 제품의 메인 재료인 아보카도를 주재료로 실내 활동을 진행했다. 아이들은 오롯이 자연을 즐기는 여유로운 시간을 보내면서 무스텔라 제품의 주원료인 특이하게 생긴 아보카도도 충분히 가치 있다는 것을 배우고 자연물의 소중함을 체감할 수 있었다.

어린이는 브랜드의 존재 이유이자 미래
무스텔라 마케팅팀 최여람

어린이는 단순한 고객이 아니라 브랜드의 존재 이유이자 미래입니다. 무스텔라는 아이가 태어나는 순간부터 자라는 과정에서 건강한 피부와 함께 행복하게 성장할 수 있도록 돕는 것을 최우선 가치로 삼고 있어요.
아이들이 자유롭게 꿈꾸고 표현하며 안전하고 건강한 환경에서 자랄 수 있도록 지속적으로 연구하고 지원하는 것이 무스텔라 브랜드의 꿈이자 목표입니다.
숲에서 자유롭게 뛰어노는 어린이들의 모습은 자체로 정말 힐링이었어요. 앞으로도 어린이의 건강과 행복을 최우선으로 생각하는 브랜드로서 의미 있는 활동들을 이어나갈 계획입니다.

자연에서 더 넓은 세상을 보는 아이들
나무다 플래닛 대표 김동주

아이들은 바람에 흔들리는 나뭇가지, 꽃과 풀 향기, 뺨을 스치는 바람, 비 내릴 때 소리와 습도, 흙을 밟을 때의 촉감, 냄새 등 자연에서 마주하는 모든 것을 온몸의 감각으로 받아들이고 기억합니다. 자연을 온몸으로 체험하며 몸도 마음도 더 건강하고 행복한 아이로 자랄 수 있죠. #자연은어디에나라는 메시지를 담은 '어디에든,어린이'의 첫 키즈 클래스를 나무다가 함께해 아주 뜻깊은 시간이었고, 특히 귀한 '어린이 캠페인'을 만나 즐거운 마음으로 행사를 진행할 수 있었습니다.

긴 여정의 프로젝트가 주는 감동
무스텔라 마케팅팀 최여람

아트 클래스, 그림 공모전, 서울리빙디자인페어 전시까지 이어지는 장기 프로젝트를 통해 일회성 이벤트가 아닌 지속적으로 메시지를 전달했다는 점에서 의미 있었습니다.
참여한 어린이들이 자신의 개성을 자유롭게 표현하고, 그 작품이 사회적 가치를 인정받는 과정을 함께할 수 있어 유익하고 뜻깊은 경험이었습니다.

자유롭게 자신을 표현하는 어린이가 되길!
파파워크룸 대표 전선명

어린이들이 아트 클래스에 참가해 그저 즐기는 정도로 그치는 게 아닌, 브랜드의 의미와 이야기를 담아 진행함으로써 더욱 다양하고 새로운 시각의 작업과 결과물을 보여 진행자로서 즐겁고 유익한 경험이었습니다. 어린이 프로그램이 다양해지는 만큼 준비하고 기획하는 어른들 마음가짐과 책임감도 더욱 단단해져야겠다고 생각했습니다.
'어디에든,어린이' 스팟파트너로서 좀 더 올바르고 바람직한 사회적 인식과 자세를 알아가며 어린이들에게 재미난 작업의 기회와 장을 만들어주고 싶어요. 파파워크룸은 소규모 작업실입니다만, 더 많은 어린이들이 일상의 다양한 키워드와 관점으로 새로운 시각물을 만들며 자신을 표현하는 것에 자유롭기를 응원합니다.

지난해 여름부터 '어디에든,어린이'는 무스텔라와 함께 #모든어린이는예술가라는 메시지를 담아 장기 아트 프로젝트를 진행했다. 아트 프로젝트는 '우리들의 행복한 순간'을 주제로 두 차례 키즈 아트 클래스와 그림 공모전, 서울리빙디자인페어2025 키즈관 내 전시로 이어져 의미 있었다.
특히 아트 프로젝트의 첫 단계인 키즈 아트 클래스는 '어디에든,어린이'의 스팟파트너인 어린이 시각예술 스튜디오 파파워크룸과 함께 '해피타임 주스만들기'와 '해피하우스만들기'를 진행하며 아이들의 행복한 상상력을 끌어낼 수 있었다.

PROJECT

2024년 9월 2일부터 10월 18일까지 'Happy Moment'를 주제로 그림 공모를 진행했다. 미취학 어린이, 초등 저학년, 초등 고학년 세 부문으로 나눠 진행했는데, 무려 1500점 이상의 그림이 접수되었다.
1, 2차 심사를 통해 부문별 10명의 키즈 아티스트를 선정했으며, 화가 김참새, 아동심리 전문가이자 그로잉맘 대표 이다랑, 디자이너이자 마음스튜디오 대표 이달우, 아동심리 전문가이자 하이토닥 대표 정유진, 카멜레온어린이미술관 관장 박선임 등 5명의 전문가가 최종 심사에 참여했다. 심사는 기술적 요소뿐 아니라 어린이 작가들이 감정을 자유롭게 표현했는지, 보는 이가 행복한 기분을 충분히 함께 상상할 수 있는지에 초점을 두었다.

#모든어린이는 예술가
#Happy Moment 그림공모전

" 그림 공모전에 참여한 어린이들이 정말 멋져요. 이런 경험이 쌓여 스스로를 튼튼하게 지탱해주는 자양분이 될 거라 생각해요." - 김참새

"아이들 작품 속으로 초대받아 행복한 시간을 보냈습니다." - 박선임

"심사한다는 걸 잊을 만큼 아이들이 표현한 마음에 푹 빠졌어요." - 이다랑

"작고 일상적이고 따뜻하고 좋아하는 걸 아이들이 반복적으로 떠올리는 걸 보고, 행복의 본질에 대해 배우는 시간이었습니다." - 정유진

"아이들 눈으로 보는 세계는 우주보다 넓더군요. 더 많이 배우고 저 또한 성장하는 시간이었습니다." - 이달우

캠페인의 의미를 잘 보여준 시상식
무스텔라 마케팅팀 최여람

그림을 심사하는 과정에서 아이들의 놀라운 창의성과 순수성을 엿볼 수 있어서 감동이었어요. 아이들이 생각하는 행복은 맛있는 것을 먹거나 가족과 여행하는 등 작고 사소하면서도 소중한 시간이라는 것에 큰 울림이 있었어요. 특히 시상식을 잊을 수 없는데요, 온 가족이 시상식에 참석해 아낌없이 축하해주고, 키즈 아티스트가 자신의 작품이 인정받는 순간을 행복해하며 즐기는 모습이 정말 인상적이었어요. '어디에든, 어린이' 캠페인의 의미를 정말 잘 보여준 순간이었습니다.

나는야 제1기 키즈 아티스트
키즈 아티스트 박현수

상을 받아 본 적이 별로 없는데 상을 받아서 너무 감사하고 기뻤어요. 선물도 많이 받고, 내가 그린 그림을 여러 곳에서 볼 수 있게 해주셔서 정말 감사해요. 특히 '어디에든,어린이' 캠페인 그림 공모전 제1기 키즈 아티스트가 되어 너무 뿌듯하고, 부모님도 무척 좋아하셨어요. 내 그림이 정말 만족스러워요.

세상은 즐겁고 행복한 일들이 가득해
박현수 엄마 한송이

아이가 그림 그리는 걸 좋아해요. 부모는 아이에게 세상은 즐겁고 행복한 일들로 가득한 곳이라는 걸 보여주고 알려줘야 한다고 생각합니다. 현수는 행복했던 순간으로 물놀이를 그림에 담았고 그 그림이 무스텔라 픽이 되었어요. 현수의 추억이 담겼을 뿐인데 많은 분이 공감한 것 같아요. 덕분에 난생처음 그림 공모전 시상식에도 참석하고, 아이 그림이 걸린 전시회도 열었습니다. 게다가 현수의 그림이 담긴 무스텔라 기획세트 판매금의 일부가 기부된다는 이야기를 듣고 정말 기쁘고 뿌듯했어요.

〈친구들과 함께하는 즐거운 잠수 물놀이〉 –박현수
친구들과 함께 수영장에서 잠수를 하며 즐겁게 놀고 있어요.
친구들과 함께하는 물놀이는 정말 행복해요.

어디에든,어린이×무스텔라 기획세트

무스텔라는 어린이다운 순수함과 창의성을 잘 담아낸 박현수 키즈 아티스트의 그림을 활용해 특별 기획상품을 제작하고, 단순한 제품 판매를 넘어 아이들의 예술적 감성을 존중하고 응원하는 메시지를 전달하고자 했다. 그림 속 귀여운 아트워크를 포함한 에코백 굿즈는 일회용품 사용을 지양하는 환경보호의 의미를 담았고, 여행용 샘플을 포함한 여행가방 모양의 기획세트 외관은 어린이들이 무스텔라와 함께 어디에든 갈 수 있고 환대받길 바라는 의미를 담았다. 기획상품은 무스텔라의 베스트셀러 제품들과 함께 구성해 판매 수익금 일부를 사회공헌 활동에 기부하는 방식으로 캠페인의 의미를 널리 알리고자 했다.

지난 2월 26일부터 3월 2일까지 서울 코엑스에서 열린 서울리빙디자인페어2025 키즈관에서는 '어디에든,어린이'의 첫 번째 아트 쇼 〈우리들의 행복한 순간〉展이 열렸다. 30명의 키즈 아티스트들의 작품을 전시했으며, 무스텔라 브랜드의 선택을 받은 키즈 아티스트 박현수 어린이의 작품으로 기획한 '어디에든,어린이' 에디션 상품도 선보였다. 수익금 일부는 미혼모 후원 기관에 기부되어 어린이들이 참여한 캠페인 활동이 또 다른 어린이와 가족에게 연결되는 의미 있는 사회적 활동임을 보여주었다.

#모든어린이는 예술가
#키즈아티스트
#우리들의 행복한순간展

아이도, 어른도 환영해요!

어디에든,어린이Kids Everywhere 캠페인에 동참하며, 아이를 어른과 동등한 방문자로 환대하는 공간들을 소개한다.

CULTURE

디키디키

서울 동대문디자인플라자(DDP)에 위치한 디자인 놀이터다. '놀이가 아이를 키운다'라는 철학으로 각 분야의 전문가들이 기획하고 만들었다. 대형 미끄럼틀과 클라이밍, 그물, 경사로 등 조합놀이대에서 다채로운 방법으로 오르내리며 신체놀이를 즐길 수 있다. 블록놀이, 교통놀이, 촉감놀이 등 콘텐츠를 곳곳에 마련해 두어 아이가 취향대로 시간을 보낼 수도 있다. 한편, 프로그램 전문 공간 디디랩을 운영해 아트, 쿠킹 테마의 커리큘럼, 촉감놀이, 생일파티까지 다양한 놀이 경험을 쌓을 수 있다.

02-6918-2523 서울 중구 을지로 281 DDP 뮤지엄 4층 www.dikidiki.co.kr

상호명	전화번호	주소	웹사이트/SNS
버찌책방	010-7310-7362	대전 유성구 반석로142번길 15-38, 1층	www.instagram.com/cherrybooks_2019
사르르 그림책방	010-2100-9711	서울 종로구 송월길 99, 경희궁자이 2단지 상가동 1층 2129호	www.instagram.com/sarrr_picturebook
생각탄생소, 인조이풀	010-2944-8023	경기 하남시 덕풍북로 253, 1층 코너	www.instagram.com/in.joyfull
스튜디오thd	010-5692-5264	부산 동래구 사직북로57번길 37, 2층	www.instagram.com/studiothd
씨드앤그로우	010-9010-8936	경기 수원시 장안구 덕영대로 381번길 63-24 3층	www.seedandgrow.co.kr
요즘서재	010-8408-1637	서울 송파구 오금동 70-9번지	www.instagram.com/yozm709.official
일러스트 스튜디오 포카	0507-1341-3099	서울 서대문구 세무서7길 8 1층	www.instagram.com/poca_studio
카멜레온어린이미술관	02-2653-7522	서울 양천구 안양천로 1131 엘티삼보지식산업센터 8층 808호	www.instagram.com/chameleon_museum
키즈북렌탈 미금점	031-718-8575	경기 성남시 분당구 정자일로 55 두산위브 109동 상가 204호	www.instagram.com/peppermam
포도씨북	010-9704-2535	경기 성남시 위례광장로 104, 위례오벨리스크 2228호	www.instagram.com/podosee_book
포포시네마	070-4800-6068	경기 김포시 풍무로 167 김포풍무 홈플러스 지하 1층	www.monoplex.com/space/17
헬로우뮤지움	02-3217-4222	서울 성동구 성수일로 12길 20	www.hellomuseum.com
호수책장	0507-1340-7690	서울 강서로45길 132-14	www.instagram.com/hosubookshelves

ACCOMMODATION

제주신화월드

제주 곶자왈 숲 속에 4개의 호텔 리조트와 테마파크, 워터파크, 다이닝, 쇼핑 공간을 갖춘 복합 리조트 단지다. 메리어트관은 프리미엄 서비스를 제공하며, 커넥팅룸이 가능해 여러 가족이 함께 여행하기에 편리하다. 서머셋은 넓은 공간에 풀 옵션 주방을 갖춰, 럭셔리한 전원생활을 경험할 수 있다. 워터파크에서 물놀이를 즐기고 싶다면 신화관을 추천한다. 신화관 투숙 시 스카이풀을 통해 신화워터파크에 무료 입장할 수 있기 때문이다. 랜딩관은 가족 여행객이 계절에 상관없이 방문하기에 적합하다.

1670-1188 제주 서귀포시 안덕면 녹차분재로 217 www.shinhwaworld.com

상호명	전화번호	주소	웹사이트/SNS
더화이트버치	0507-1478-0422	경기 파주시 탄현면 새오리로161번길 13-36	www.four-seasons.co.kr
스테이 두루	061-910-2266	전남 순천시 장천6길 40	instagram.com/stay_dooroo
지아정원	0507-1369-6517	제주 서귀포시 안덕면 동광로 265-100	naver.me/F8Knp8OC

EDUCATION

리틀소호

그림책을 중심으로 다양한 창의활동을 펼치는 그림책 놀이영어 스튜디오다. 놀이영어 전문가들의 연구를 통해 어린이들이 즐겁고 신나게 참여할 수 있는 프로그램을 운영한다. 주요 프로그램은 그림책 원서를 이용한 스토리텔링과 독후 미술활동으로 구성된 '스토리텔링 클래스'다. 언어나 미술 교육보다는 그림책 원서를 중심으로 책 읽기의 즐거움, 외국어에 대한 친밀감, 자유로운 사고와 정서적 경험 확장을 목표로 한다.

리틀소호 광양 010-9810-2609 전남 광양시 중마로 261 1층
리틀소호 남가좌DMC 010-8022-3213 서울 서대문구 수색로2길 39 1층 123호
리틀소호 대구수성 010-5958-0577 대구 수성구 청수로26길 46 1동 2층 203호
리틀소호 부천중동 0507-1363-2734 경기 부천시 원미구 길주로 234 3층 3039호
리틀소호 서초 02-6338-7725 서울 서초구 서운로 207 삼호종합상가 4층 411호

상호명	전화번호	주소	웹사이트/SNS
가랑비교육연구소	010-6361-1292	인천 연수구 하모니로158 송도타임스페이스 A동 410호	www.instagram.com/garangbi_edu
기림미술	0507-1475-2811	제주 제주시 연화중길 8-13 1층	blog.naver.com/girimart
깍지모모 북 아지트	010-8289-9304	서울 강남구 밤고개로165번길 LH수서1단지 상가동 201호	www.instagram.com/kkakjimomo_book_agit
끌레르음악학원	0507-1360-8872	대구 수성구 청호로57길 71, 2층	www.instagram.com/cl_pf_
나무다플래닛	02-2299-1215	서울 서초구 동광로 184, 동산빌딩 2층	www.namuda.org
나무상자창의숲	031-747-5692	경기 성남시 수정구 수정남로247 수정타운 A-201	www.instagram.com/woodenbox_forest
달리운동장	010-2621-7802	서울 마포구 월드컵로3길 31-31 네오빌딩 3F	www.instagram.com/dalliplayground
도토리물감	010-4893-9153	인천 서구 청라라임로122번길 18, 103호	www.instagram.com/dotorimulgam
두 번째 그림책 수완	062-961-8810	광주 광산구 수완로 172, 3층	www.blog.naver.com/jinny16d
두 번째 그림책 풍암	062-652-8810	광주 서구 송풍로 20, sk view 상가 3층	www.instagram.com/2ndpicturebooks
두근두근x아트스튜디오엠 미술학원	010-4992-9441	경기 고양시 일산동구 위시티2로 27 위시티탑프라자 201호	www.instagram.com/kids_studio_m
두근두근x키즈스튜디오엠 미술학원	010-5148-8850	서울 은평구 서오릉로 131, 구산빌딩 7층	blog.naver.com/art8850
떼굴떼굴동탄미술교습소	031-378-3433	경기 화성시 동탄순환대로 21길 15, 203호	www.instagram.com/ddegul.dongtan
떼굴떼굴미술프로젝트	010-5054-5556	경기 용인시 수지구 광교호수로 360번길 9-1, 101호	www.instagram.com/ddegul.art.project
떼굴떼굴미술학원 수지상현점	010-8549-5559	경기 용인시 만현로120 B동 515호	www.instagram.com/ddegul.suji
랄라로이아트워크	010-9063-4111	충북 충주시 봉현로 260	www.lallaloi.com
랄라로이아트워크 세종센터	010-8179-4452	세종 새롬중앙로 62-15, 4층 422호	www.instagram.com/lallaloi_sejong
리틀하비투스국어교습소	010-8534-1593	부산 강서구 명지국제5로90 상가동 105호	www.instagram.com/littlehabitus
마법방과후	02-454-0657	서울 광진구 자양로50길 76	www.instagram.com/magic_after_school
모이스쿨스영재교육원	053-745-0212	대구 수성구 달구벌대로 469길 16	www.instagram.com/pedagogy_sta
바다쓰기	010-9074-2781	제주 제주시 애월읍 하귀1길 138, 1층	diup.co.kr
바오밥미술창작소 / 바오밥베이커리카페	02-872-8085	서울 관악구 청림2길 2 바오밥미술창작소 1층, 3층/바오밥베이커리카페 2층	blog.naver.com/baobab_art
봉프앙 프렌치 아틀리에 반포원	02-591-2911	서울 서초구 고무래로 6-7 경화빌딩 1층	blog.naver.com/bonpointart
봉프앙 프렌치 아틀리에 화정원	031-970-2911	경기 고양시 덕양구 화중로 32-31 효원빌딩 5층	blog.naver.com/bonpointart
비비피아노음악교습소	0314151216	경기 수원시 권선구 당진로29-4 2층	m.blog.naver.com/bbpiano80
쁘띠포레+본점	031-672-7501	경기 안성시 일죽면 사실로 305	petitforet.co.kr
서울발명가클럽	02-2642-5202	서울 양천구 목동서로 70 상가 A동 101호	www.seoulinventors.club
세모조각 아동미술작업실	010-2982-2792	부산 금정구 중앙대로1685번길 22, a상가 2층	www.instagram.com/semopieces_artstudio
시소 아티큘레 미술	01024652405	경기 화성시 동탄순환대로26길 81, 정문상가 2층 B105호	m.blog.naver.com/seesaw_articulate
시시소소	010-4330-5586	서울 마포구 도화2길 27 5층	www.sisi-soso.com
아소비 세천현대엠코점	010-4006-2684	대구 달성군 다사읍 세천로 160, 106동 204호	www.instagram.com/_dodo.r_asobi.mco_
아소르ASOR	010-9509-7661	경남 진주시 진주역로 73번길 33 센트럴웰가 101동 1104호	www.instagram.com/asor_kidsart
아이아트유iiART	010-4224-5280	충북 충주시 거룡4길 9-1	www.instagram.com/iiartu_
아임히얼발달심리센터	070-7621-7568	경기 성남시 위례광장로 9-10 아롬타워 7층 704호	imherecenter.modoo.at
아키차일드Archild, 아키박스Archibox	02-6080-2458	서울 서초구 방배로 32길 55, 1층	www.Archild.co.kr

PARTNERS

우와아트랩
어린이 음악 전문가와 신체심리치료 무용가가 운영하는 예술놀이 연구소다. 소리와 움직임을 연결한 예술 경험 콘텐츠를 제공하며, 아이뿐 아니라 어른까지 예술 활동을 통해 감각을 깨우고 세상을 유연하게 대하는 태도를 배울 수 있다. 1~3세 아이와 부모가 함께 움직이는 '베베 동물요가', 음악과 무용의 기초를 배우는 '꼬마 예술가의 아뜰리에', 남산 숲에서 진행하는 자연 체험 '춤추고 노래하는 숲', 어른을 위한 예술 치유 프로그램 '마음공원' 등 어린이와 가족을 위한 교육 프로그램이 마련되어 있다.
010-5640-5547 서울 용산구 두텁바위로69길 4, 202호 www.instagram.com/woowa_art

피에스
자연에서 얻는 영감을 바탕으로 식물과 사물을 창작하는 플랜트아트 스튜디오다. 계절의 변화, 주변을 둘러싼 환경 등 자연에서 아름다움을 찾고 영감을 얻어 예술적 언어로 풀어낸다. 플랜트아트 스튜디오에서 야외 테라스 정원과 온실까지 마련한 공간에서 자연의 아름다움과 자연이 주는 치유 에너지를 소통하는 교육 프로그램을 운영한다. 자연물을 재료로 한 계절별 가드닝, 테라리움 프로그램은 예술치유 효과 덕분에 아이와 어른 모두에게 인기다.
0507-1468-9203 경기 부천시 오정구 역곡로 396 www.psplantart.com

상호명	전화번호	주소	웹사이트/SNS
아트라피	010-8594-0932	경기 의정부시 오목로 196 1층 50호	www.instagram.com/artrapy
아트인사이드	0507-1402-1313	서울 영등포구 국제금융로 112(상아빌딩), 304호	www.instagram.com/artinside.official
어깨동무교육연구소	0507-1397-7083	경기 과천시 관문로 92, 101동 2408호	blog.naver.com/sd2sd_edu
어놀문화센터 노형점	010-4152-0327	제주 제주시 노형로 407 4층	cafe.naver.com/anoljeju
어놀문화센터 삼화지구점	010-7124-9261	제주 제주시 건주로 65 3층	cafe.naver.com/anoljeju
어놀문화센터 이도아라점	010-6620-0481	제주 제주시 구산로 39	cafe.naver.com/anoljeju
어린이예술농장	0507-1319-6870	경기 안산시 상록구 감골2로 43 요진중심상가2층 210호	www.kidsartfarm.com
어린이예술농장 화성새솔점	0507-1401-6870	경기 화성시 수노을1로 81 대방5차아파트 상가동 204호	www.kidsartfarm.com
역사공방	010-6321-0413	경기 시흥시 은계호수로49 3층 3021호	www.instagram.com/history_gongbang
오예미술학원	010-8618-5805	전북 군산시 궁포1로 24-3 세종빌딩 203-1호	instagram.com/5ye_artstudio
올로 스튜디오OLO studio	010-2317-9274	경기 김포시 김포한강11로 140번길 8-20 1층	www.instagram.com/_olo.studio__
윙윙키즈	0507-1314-8570	서울 영등포구 선유로 51길 22-1	www.instagram.com/wingwing_kids
이음유	010-4827-2072	서울 영등포구 국제금융로8길 27-8 4층 4238호	www.instagram.com/yium_you
쥬트 광교 아뜰리에	010-5089-9498	경기 수원시 영통구 광교호수공원로 300, 포레나광교 115호, 116호	www.instagram.com/zut_gwanggyo
쥬트 대구 아뜰리에	053-568-0033	대구 수성구 들안로 1길 25	instagram.com/zut_daegu
쥬트 대전 아뜰리에	010-5446-3455	대전 원신흥로 55번길 6-20	www.instagram.com/zut_daejeon
쥬트 도산공원 아뜰리에	02-518-1440	서울 강남구 언주로152길 15-6, 2층	www.instagram.com/zut_dosanpark
쥬트 마포아뜰리에	010-7102-1440	서울 마포구 대흥로 164 마포프레스티지자이 상가 F동 1층 101호	zutkorea.com
쥬트 분당 아뜰리에	031-602-6051	경기 성남시 분당구 판교공원로1길 34, 1층	instagram.com/zut_bundang
쥬트 서래마을 아뜰리에	010-8729-2040	서울 서초구 서래로6길 4, 5층	www.instagram.com/zut_seorae_village
쥬트 세종 아뜰리에	044-867-7212	세종 도움8로 81 세종1번가 B동 201호	instagram.com/zut_sejong
쥬트 송파 아뜰리에	010-7399-1440	서울 송파구 위례성대로12길 5-6, 3층	www.Instagram.com/zut_songpa
쥬트 옥수 아뜰리에	02-2291-1440	서울 성동구 매봉길 48, 힐스타운 402호	www.instagram.com/zut_oksu
쥬트 일산 아뜰리에	010-2631-3103	경기 고양시 일산동구 태극로 11 상가동 204호	www.instagram.com/zut_ilsan
쥬트 정동 아뜰리에	010-5780-1440	서울 중구 정동길33 신아기념관 208호	www.zutkorea.com
쥬트 하남 아뜰리에	010-2752-5882	경기 하남시 미사강변한강로354번길 27 1층	www.instagram.com/zut_hanam

상호명	전화번호	주소	웹사이트/SNS
지인심리상담연구소	010-3438-2140	대구 수성구 화랑로 2길 107 3층 303호 (조이빌딩)	jiin.homebuilder.co.kr
책이부리는JEJU	010-8557-4937	제주 동화로1길 49-8 2층	www.instagram.com/roa_bookjeju
클랩 스튜디오	070-7797-3971	-	www.instagram.com/clapstudio_official
키즈스콜레 성동점	010-7252-3624	서울 성동구 왕십리로 386-1 삼협빌딩별관 2층	www.kidsschole.com
탄츠아이Tanz-i	010-9372-6325	제주 제주시 원노형로93 노형부영아파트1차 상가동 2층	www.instagram.com/tanzijeju
터틀북스TUTLEBOOKS	02-3280-1133	서울 동작구 상도로 352, 4층	www.turtlebooks.kr
티디그라운드	010-3464-4397	인천 연수구 하모니로 158 송도타임스페이스 D동 310호	www.instagram.com/td_ground
파파워크룸	0507-1468-0339	서울 마포구 모래내로7길 24, 1층	instagram.com/papworkroom
퍼들점프 어린이 프로젝트 클럽	010-9795-1484	경기 고양시 덕양구 동산2로 11	www.instagram.com/puddlejumpclub
프렌들리워크룸	010-9316-1911	경기 김포시 초당로16번길 20 1층 프렌들리워크룸	www.instagram.com/friendly_workroom
플레이송스홈 라운지	02-544-6636	서울 강남구 압구정로 113-22 2층 플레이송스홈 라운지	www.playsongshome.com
플레이앤뮤직	010-6565-5514	전북 전주시 완산구 화산천변3길 7-6	www.instagram.com/play__and_music
핑거문아트Finger Moon Arts	010-4685-0908	광주 광산구 장덕동 1647 4층	www.instagram.com/fingermoon_arts_official
하이디어Hai dear	010-3013-3610	서울 노원구 동일로179길 23, 2층	www.instagram.com/hai.dear__
해피아트데이	0507-1319-4016	서울 양천구 목동서로 400, a상가 2층	www.instagram.com/littlelouvre_art
허그하트 심리상담센터	031-792-4298	경기 하남시 미사강변동로 127, 경서타워 902호	www.hugheart.co.kr

SHOPPING

골든조

부모 세대가 어린 시절 경험한 감정과 문화적 요소를 재해석해 아이 옷을 만드는 키즈 패션 브랜드다. 아이들에게 전하고 싶은 메시지, 아이들의 눈높이에서 체험할 수 있는 장소나 표현 가능한 감정 등을 디자인에 녹여낸다. 재기 발랄한 컬러플레이와 유니크한 그래픽을 가미해 데일리웨어, 아우터 등 다양한 상품군을 선보이는데, 익숙하면서도 새로운 디자인이 눈길을 끈다. 첫 번째 오프라인 공간이 제주에 있다. 아이를 위한 옷과 모자, 가방 등 골든조 제품뿐 아니라 아카이빙한 빈티지 장난감들도 만나볼 수 있다.

제주 제주시 애월읍 유수암리 2819 golden-joe.com

상호명	전화번호	주소	웹사이트/SNS
구버	02-426-8886	서울 강동구 아리수로 348, B1	www.goober.kr
사라앤존	0507-1317-9852	서울 서초구 서초대로29길 25,1층	www.sarahnjohnofficial.com
손끝비	0507-1382-0430	부산 금정구 하정로 7	www.sonkkeutbee.co.kr
심도마도	02-981-0085	-	www.ximdomado.com
쏘유2	1899-4736	서울 용산구 이태원로55가길 3 B1	www.soyoo2.com
F.A.O슈와츠 잠실롯데월드몰점	0507-1412-4474	서울 송파구 올림픽로 300 롯데월드몰 4층	fao.co.kr
F.A.O슈와츠 현대백화점 판교점	031-5170-2751	경기 성남시 분당구 판교역로146번길 20 5층 현대백화점 판교점	fao.co.kr
옐로우삭스	070-8958-7712	경기 의정부시 진등로16 , 1F 옐로우삭스	www.yellowsocks.kr
이응이	070-7635-0101	서울 은평구 통일로 1050 롯데몰 은평점 2층 토이저러스 앞	www.oioiooi.com
인더스토리 더현대서울 여의도점	02-3277-0555	서울 영등포구 여의대로 108 더현대서울 5층	www.instagram.com/inthestory.lifestyle
인더스토리 현대백화점 무역센터점	02-3467-6661	서울 강남구 테헤란로 517 (삼성동) 현대백화점 4층	www.instagram.com/inthestory.lifestyle
인더스토리 현대백화점 판교점	031-5170-2712	경기 성남시 분당구 판교역로 146번길 20 현대백화점 판교점 5층	www.instagram.com/inthestory.lifestyle
인더스토리 신세계백화점 대구점	070-4667-6649	대구 동부로 149 (신천동) 신세계백화점 대구점 7층	www.instagram.com/inthestory.lifestyle
탬버린하우스	070-8064-7714	서울 서초구 양재천로 9길 12	tambourine-house.com
핑크김치	0507-1348-6471	인천 강화군 강화읍 남문안길 11	smartstore.naver.com/soonmoostore
하우키즈풀howkidsful	041-904-9049	천안 서북구 백석4길 21, 1층 하우키즈풀	howkidsful.com

PARTNERS

F&B

라쿠치

수제 젤라또 아이스크림을 파는 작은 카페다. 이탈리아 수제 젤라또 제조 방식으로 만든 쫀쫀한 질감, 질 좋은 주재료를 아낌없이 넣어 만든 진하고 깊은 맛이 나서 아이도 어른도 사랑에 빠질 수밖에 없다. 발로나 초콜릿까지 듬뿍 들어간 벨지안초콜릿 젤라또, 국내산 플레인 요거트가 듬뿍 들어가 젤라또인지 요거트인지 헷갈리는 요거트 젤라또, 부드러운 커피맛이 일품인 티라미수 젤라또 등 어떤 맛을 고르더라도 달콤하고 시원한 행복을 맛보게 된다. 010-8805-5120 경기 남양주시 진접읍 내각1로 80 www.instagram.com/lacucchi_official

레오의숲

강원도 춘천 숲 속에 자리한 공원 같은 카페다. 아이들이 신나게 뛰어놀 수 있도록 커다란 마당과 모래놀이터가 마련되어 있다. 캐릭터 장난감은 없지만 직접 조립해서 날리는 DIY 글라이더 키트를 판다. 엄마 아빠와 함께 조립하고, 넓은 마당에 나가 마음껏 날리며 놀다 보면 아이도 어른도 동심의 세계에 빠져든다. 내부에는 그림책을 볼 수 있는 코너도 마련되어 있어, 감성을 채우며 조용히 휴식을 취해도 좋다.

033-818-8800 강원 춘천시 서면 당숲안길 139-1 www.instagram.com/leo_forest_

상호명	전화번호	주소	웹사이트/SNS
도버빌리지	02-533-2915	서울 서초구 도구로9길 32, 1층	www.thevillageshop.kr
도쿄등심 광교점	031-214-8324	경기 수원시 영통구 광교호수공원로 80, 광교앨리웨이 3층	www.instagram.com/tokyosirloin_official
도쿄등심 선릉점	02-6952-0824	서울 강남구 테헤란로 78길 16, 노벨빌딩 B1	www.instagram.com/tokyosirloin_official
도쿄등심 여의도 2호점	02-782-8324	서울 영등포구 국회대로 70길 12, 대산빌딩 B1	www.instagram.com/tokyosirloin_official
도쿄등심 여의도점	02-782-2260	서울 영등포구 여의나루로 50, 한국교직원공제회관 B1층 9호	www.instagram.com/tokyosirloin_official
동화고옥 롯데월드몰점	02-3213-4665	서울 송파구 올림픽로300, 롯데월드몰 6층	www.instagram.com/donghwagohok/
동화고옥 서울점	-	서울 중구 한강대로 416, 서울스퀘어 B1층	www.instagram.com/donghwagohok/
동화고옥 선릉점	02-552-2260	서울 강남구 테헤란로 337, 화남빌딩 14층	www.instagram.com/donghwagohok/
라벤더	02-549-0824	서울 강남구 선릉로158길 13 -12, 오픈 더 청담 4층	lavenderseoul.com/kr
마마플레이트	053-752-3260	대구 수성구 청호로411, 1층	www.instagram.com/mama_plate
모도우 광화문점	02-6016-6916	서울 종로구 율곡로 6, 트윈트리빌딩 B동 B1층 B101호	www.instagram.com/modowoo_
모도우 삼성점	02-565-8324	서울 강남구 테헤란로 87길 35, 금강타워 3 B1층	www.instagram.com/modowoo_
모도우 여의도점	02-6082-8324	서울 영등포구 국제금융로 2길 32, 여의도파이낸스타워 4층	www.instagram.com/modowoo_
서울로인 서울숲점	02-466-0329	서울 성동구 서울숲2길 32-14, 갤러리아포레상가 2층	www.instagram.com/seouloin_official
서울로인 서울점	02-6329-0329	서울 중구 한강대로 416, 서울스퀘어 B1층	www.instagram.com/seouloin_official
시나르	010-9105-4659	제주 제주시 노형10길3	www.instagram.com/jeju_sinar
에코카페아리숲	0507-1442-0304	경기 용인시 처인구 금령로 93번길 3, 1층	www.instagram.com/ecocafe_ariforest
영통백합칼국수	031-217-8324	경기 수원시 영통구 광교호수공원로 80, 광교앨리웨이 2층	www.instagram.com/young.back.kal/
충주 만나밥집	042-852-9590	충북 충주시 동수2길 35 만나밥집	www.instagram.com/mannadining
츠키요와	02-548-0824	서울 강남구 선릉로158길 13-12 지하1층	tsukiyowa.com/
카페0937	010-2042-0626	대구 북구 동암로38길 29-49	-
플로웨이브	0507-1305-9367	제주 제주시 한림읍 장원길 63-12 플로웨이브 카페	naver.me/5FlqYfyg
하우스크림 그린점	0507-1354-9783	경기 부천시 원미구 상일로 92, 101호	www.instagram.com/housecream20
하우스크림 서천점	070-4790-3510	경기 용인시 기흥구 서천서로12번길4-5 1층 상가	www.instagram.com/housecream20
하우스크림 영통점	070-8657-4829	경기 수원시 영통구 봉영로 1613 (영통동, 영통하우스토리) 지하 1층 04호	www.instagram.com/housecream20
한암동 여의도점	02-6747-8324	서울 영등포구 국제금융로2길 32, 4층 401호	openine.com/한암동
한암동 을지트윈타워점	02-3706-7240	서울 중구 을지로 170, 1층 123호	openine.com/한암동
한암동 정동점	02-3789-8324	서울 중구 정동길 21-15, 정동빌딩 신관 1층	openine.com/한암동
죽성그림	0507-1495-6616	부산 기장군 기장읍 월전 1길 34, 1층	www.instagram.com/jukseong_grim

'어디에든,어린이' 스팟파트너 리스트
QR코드를 스캔해서 더 나은 미래를 위해 작은 목소리를 모으는 공간 리스트를 확인해보세요.

문의 dgnhouse@naver.com

'어디에든, 어린이'
스팟 파트너를 찾습니다

아이를 어른과 동등한 방문자로 환대하는 공간들과
파트너 협약을 맺습니다. 하나하나의 목소리는 작지만 모이면 큰 힘이 되니까요.

Q 스팟파트너 자격 조건이 있나요?

어린이의 행복과 건강한 성장을 지지하는 식당, 카페, 병원, 쇼핑센터, 갤러리 및 스튜디오, 공방, 교육기관, 쇼룸 및 편집숍 등 온·오프라인 공간이라면 등록 신청이 가능합니다.

- 어린이가 사회의 일원으로 인정받는 공간
- 어린이의 출입과 활동이 자연스러운 공간
- 어린이를 위한 제품을 생산하거나 서비스를 제공하는 공간
- 어린이가 일상에서 소소한 성취감을 얻을 수 있는 공간 등을 우선으로 선정합니다.

Q 스팟파트너는 무슨 일을 하나요?

'어디에든, 어린이' 캠페인에 참여해 아이들이 건강하게 성장할 수 있는 환경을 조성하는 사회적 역할을 수행합니다.

- '어디에든, 어린이' 캠페인 사인물 게재
- '어린이를 환영하고 어린이다움을 인정하자'는 캠페인 메시지 적극 실천
- 캠페인 관련 소식 홍보

Q 어떤 혜택이 있나요?

매거진, SNS, 오프라인 등 다양한 매체와 플랫폼을 통해 스팟파트너를 소개하고 알립니다.

- ☐ 파트너 인증 스티커, 비치용 리플렛 제공
- ☐ 매거진 『아이가 자라는 집』 제공
- ☐ '어디에든, 어린이' 스팟파트너 공유 리스트·맵 제작 배포
- ☐ 캠페인 SNS, 맘앤앙팡 포스트 외 디지털 홍보
- ☐ 서울리빙디자인페어 초청장 제공

Q 등록은 어떻게 하나요?

맘앤앙팡 인스타그램(@momnenfant) 프로필 링크나 아래 QR코드를 통해 신청서를 접수하면 1~2주일 후 등록 여부를 회신합니다.

아이가 자라는 집

Publishing
㈜디자인하우스 02-2275-6151

Printing
㈜매일경제신문사 031-8071-0960

ISBN 978-89-7041-319-8(13590)

Publication Date
2025년 4월 23일

편집·광고 문의
02-2262-7266
hjjl01@design.co.kr

㈜디자인하우스에서 발행하는 『아이가 자라는 집』
에 실린 글과 사진은 저작권자 및 디자인하우스의
허락 없이 사용할 수 없습니다.

Publisher	이영혜 대표이사
Editor-in-Chief	오정림 편집장 hjjl01@design.co.kr
Editor	박선영 기자 psy@design.co.kr 한미영 기자 etwas@design.co.kr
Guest Editor	김경민 배주현
Art Director · Designer **Designer**	김지나 오혜영
Photographer	제이콥 마이어스 | 제이비포타그래피 | 한수정 | 데이사공 | 전문식 | 스튜디오 라문	
Proofreading	이현숙